# Gestión de Proyectos de Desarrollo Scrum

*Evitar contratiempos en un proyecto – Guía de Inicio*

*Por*

*Gary Metcalfe*

# TABLA DE CONTENIDOS

# Introducción

———◆———

Las técnicas ágiles están adquiriendo un gran atractivo debido a su naturaleza paso a paso, su adaptabilidad a la transformación, así como a su articulación multifacética, así como a los grupos autoorganizados. Esto proporciona el mejor remedio para negocios como las empresas de nueva creación que no son una fuente importante y que también tienen que responder a los problemas del mercado muy rápidamente. Agile contemporáneo debe su popularidad al Manifiesto de Agile, que fue lanzado en 2001 por un equipo de expertos que colaboró para hablar sobre técnicas de crecimiento ligero y adaptables. Y ese salto comenzó a muchas organizaciones a utilizar metodologías ágiles como Scrum.

Existen numerosas técnicas Agile prominentes, como los Programas Extremos o XP, Scrum, que ayudan a las empresas a ser más eficientes y agradables, brindando a todos un conjunto de estándares que cumplir. Posiblemente uno de los usos más populares y populares de hoy en día es Scrum. Scrum fue definido en 1993 por Ken Schwaber y también por el Dr. Jeff Sutherland. Scrum se ha llevado a cabo de manera eficiente en muchas de las principales compañías de todo el mundo, como Thoughtworks, GE y Yahoo. ¿Qué es exactamente Scrum y cómo funciona? ¿Qué significa ser Agile? ¿Qué tan difícil será crear un equipo Scrum? Todas estas preguntas y muchas más serán respondidas en este libro. Aquí aprenderás de qué se trata Scrum

# ¿Qué es un marco?

---◆•---

Entonces, ¿qué es un marco ágil Scrum? qué significa eso realmente. Puede sonar como un sistema informático elaborado, algo que es probable que solo los ingenieros informáticos traten. El término suena complejo, pero es realmente más fácil de lo que te das cuenta.

Comencemos con lo básico primero. ¿Qué significa marco? Un marco es una frase ampliamente utilizada en software o gestión de proyectos en general. Ofrece soluciones y funcionalidades al proceso de gestión de proyectos. Piénselo de esta manera: usted prepara una taza de té cada mañana. Pones varios ingredientes en la taza cada vez, pero no tienes que medir. Entonces, a veces puede haber mucha azúcar, o varias veces puede haber mucho más de otro ingrediente. No es una gran cosa que cada taza de té sea un poco diferente, ya que todavía puedes tomar el té de la mañana. Pero una mañana, piensas en lo que podría ayudar a hacer que las pequeñas cosas sean un poco más efectivas.

En lugar de tener todos y cada uno de los ingredientes individualmente, mide la proporción adecuada para varias tazas de té y coloca la mezcla en un solo frasco. A partir de entonces, todas las mañanas lo único que debe hacer es sacar una cucharada y mezclarla en su agua caliente para el té. Ahorra tiempo, tiende a hacer las cosas mucho más fáciles. Eso es justo lo que hace un marco. Está utilizando un proceso, un código de computadora, o incluso una persona puede modificar el marco para que se ajuste a sus necesidades específicas. Ayuda a la productividad y también hace las cosas más simples ¿Qué es ágil? Entonces, ¿qué pasa con la palabra ágil? Significa moverse con facilidad y rapidez.

Entonces, Agile Framework es un sistema personalizable que puede estructurarse en función de las necesidades de la empresa.

Por lo tanto, un Marco Agile presenta su capacidad de cambiar tareas en breves fases de trabajo intenso. Esencialmente, en lugar de tener una sola tarea muy larga. Agile Framework se utiliza dividiendo cualquier tarea en incrementos de menor tamaño. Esto permite que todos se concentren en una sola cosa a la vez, lo que ayudará con el control de calidad. Se basa en varios principios, utilizados para informar y alentar las prácticas de Agile Framework como Scrum. Scaled Agile Frameworks es un tipo de marco que le permite lograr cosas con un método mucho más simple. Implica ser flexible y adaptable con los diseños, y también tiene un par de varios métodos, o quizás principios.

La razón principal para utilizar un Marco Agile es que ofrece el mejor artículo con el mejor beneficio en el menor tiempo posible.

Hacer esto requiere la comprensión de los sistemas en desarrollo. Las opciones tienen en el contexto adecuado. Usar un framework ágil puede ser bastante complicado. Son numerosos componentes diversos, todos tienen que trabajar juntos, trabajando hacia objetivos compartidos. Todos tienen que ser devotos y enfocados en los objetivos finales.

El propósito de utilizar un método Agile es ayudar a que los procesos empresariales se realicen de manera visible y rápida. Encontrará tres consejos para ayudarlo con su flujo de trabajo. es esencial conceptualizar y disminuir el estado de WIP, esto, a su vez, reduce los cambios innecesarios. La reducción de la magnitud de los lotes va bastante lejos en la creación de un flujo rápido y confiable.

## ¿Por qué debería utilizar un marco ágil?

Supongamos que ha estado trabajando en una tarea durante meses. Finalmente ha terminado con esto, aunque el comprador decide que quiere que suceda algo diferente. Esto significa que hay varios elementos diferentes que deberá devolver y cambiar, lo que desperdicia productividad y tiempo. Y en efecto El uso de un Marco Agile y los principios no solo lo involucran a usted, sino a todos en el proceso de gestión del proyecto. Esto consiste en el comprador, las partes interesadas y un equipo que se enfoca en el desarrollo del equipo. Hacer esto significa que está listo para agregar eficiencia al trabajo, lo que ahorra ayuda, tiempo y dinero con la opinión del cliente. El proyecto se está trabajando continuamente durante la tarea.

El Manifiesto Agile Aunque la simplificación del trabajo es ciertamente crucial, el mundo del Marco Agile considera que algunas otras regulaciones son mucho más esenciales. Hay un énfasis en un sentimiento de comunidad, el cliente, trabajar juntos y aceptar el punto de que habrá cambios. Lo que esto significa es que es importante tener la capacidad de optar por el flujo. En realidad, el Manifiesto Agile se produjo para garantizar que otras personas que hagan uso de este sistema lo realicen por las mejores razones.

Hay varios elementos en el Manifiesto Ágil. Algunos de los más importantes son el software de aplicación sobre la documentación extensa, la colaboración del cliente sobre la negociación del contrato, la gente sobre los procedimientos. Respondiendo para cambiar de acuerdo con una estrategia cuando se trabaja con Agile

Marco, es crucial que recuerde las reglas mencionadas anteriormente y también que las aplique a su proyecto y equipo. Al pensar en ellos, recordar el objetivo es increíblemente importante, no solo con el resultado final, sino con los primeros desarrollos. Para poder lograr esto, intente dar la bienvenida a diferentes cambios, incluso los que se producen más adelante en la mejora. Agile Framework utiliza la aceptación del cambio como una forma para que el comprador disfrute de una ventaja competitiva natural. Otra faceta esencial del Marco Agile podría ser el cuerpo de desarrolladores reales.

Construir proyectos alrededor de personas que están motivadas produce mejores resultados; y así asegurarse de brindarles el apoyo que necesitan, junto con un mundo en el que puedan operar, creyendo en su potencial para tener éxito. Los desarrolladores y los inversores cooperan siempre hasta que se logre el trabajo para garantizar que se complete de la mejor manera. Es realmente sorprendente lo que un equipo puede hacer con la motivación correcta y la actitud correcta. El equipo también debe recordar enfocarse en cómo pueden ser más eficientes en los momentos frecuentes a lo largo del proceso. En caso de que descubran una forma mejor y diferente de hacer las cosas, y luego deben modificar su comportamiento en consecuencia. Cuando trabaje muy estrechamente, recuerde también que la estrategia de comunicación más efectiva es una discusión cara a cara. El tono puede perderse cuando

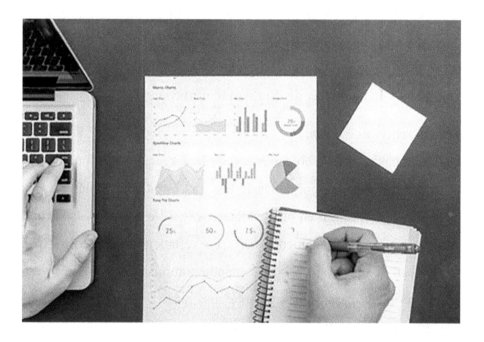

Se envía un correo electrónico y, a veces, incluso por teléfono. Mucha gente determina de qué habla alguien a través del lenguaje corporal. Los datos son simplemente demasiado significativos, y sí, puede ser muy fácil malinterpretar una cosa al comunicarse por correo electrónico. La parte técnica también es muy importante de recordar; La atención constante al buen diseño y la excelencia mejora la agilidad. Sencillamente, en caso de que continúe poniendo aceite en su automóvil, seguirá funcionando sin problemas. Ignóralo y tendrás que hacer frente a cosas aún peores más adelante. Convertir el trabajo en un programa como una especie de informe de progreso es una excelente manera de determinar dicho progreso y también mostrar un desarrollo sostenible. Esto permite que las partes interesadas, los desarrolladores y los conductores mantengan una velocidad frecuente de forma indefinida. El uso de Agile Framework tiene que ver con la conveniencia, y también el arte de maximizar la cantidad de trabajo duro que no se ha completado.

## Los pros y los contras de cualquier marco ágil

### *y como reacciona al cambio*

Quizás la posición favorable más favorable. La mejora ágil funciona en el avance de grupos y organizaciones. Las estrategias ágiles no nos hacen divinos el futuro en proyecciones de 9, 12 o dos años. Un grupo Agile situado apropiadamente tiene un resumen de las cosas más vitales con las que pueden lidiar; cuando completan la cosa más vital en ese resumen, pasan a la siguiente cosa más crítica ...etc, sin cesar. Este tipo de proceso tiene numerosas ventajas:

- Los clientes obtienen respuestas para los problemas que más les interesan.

- Los socios pueden organizar las cosas en una forma dinámica que refleje situaciones económicas genuinas en un momento dado

- Los desarrolladores se sentirán respetados, ya que pronostican sobre las cosas que realmente importan.

### Tolerando la incertidumbre

La realidad es que no sabemos todo acerca de una empresa cuando empezamos. Por lo tanto, los métodos que permiten el cambio en lugar de los enfoques, donde se confía en que los requisitos previos se "terminen" antes de que cualquiera, en la medida en que los contactos de una consola escriban su primera línea de código, son más favorables.

Agile reconoce que encontraremos más datos a medida que avancemos; es posible que encontremos un acuerdo especializado específico que no aborda los problemas de los clientes, o podemos encontrar un problema totalmente extraordinario debajo del problema expresado, y al solucionar el problema podemos comprender no solo el problema propuesto, sino otras preocupaciones de los clientes además. La aplicación de estándares Agile a nuestro enfoque nos permite reconocer lo oscuro y organizar la revelación y la experimentación para eliminar la vulnerabilidad antes de enfocarnos completamente en una respuesta

### Ciclos de revisión más rápidos

Con el objetivo final de que los grupos toleren la vulnerabilidad y sean receptivos al cambio, existe un requisito de énfasis rápido y repetitivo, encuestas exhaustivas a medida que finaliza el trabajo, para garantizar que se examinen las nuevas divulgaciones y se evalúen los esfuerzos actuales.

El énfasis en garantizar encuestas breves y comentarios de los clientes (o lo más cerca posible del cliente) aborda los fallos más reconocidos de los enfoques en cascada: la transmisión de un elemento que nadie realmente necesita o le gusta después de un avance de 6 meses de cierre de ciclo.

Viabilidad A pesar de ciclos de encuesta más rápidos con clientes o intermediarios de clientes, el énfasis en la transmisión de software de trabajo en énfasis en caja de tiempo o caja de esfuerzo proporciona al negocio una mayor flexibilidad en general cuando el artículo debe ser enviado a los clientes finales

### *Menos trabajo por adelantado*

Antes del enfoque de mejora ágil, las personas tenían que prever lo que podría requerirse en 6-9 meses, sin embargo, además se esforzaron por ser un contrato integral que describa y detalle casi todas y cada una de las partes del plan y avance de un artículo. Era normal ver los Documentos de requisitos del producto y los Documentos de requisitos técnicos que superaban al menos cincuenta páginas y esbozaban las expectativas particulares que los desarrolladores utilizarían como agendas de qué transmitir exactamente, nada más y nada menos.

Agile se concentra más bien en caracterizar y organizar problemas para comprender; se debe hacer equipo con nuestros desarrolladores para configurar, determinar y modificar el trabajo; y aplicar solo la medida de esfuerzo que se espera para mover un artículo o empresa a su siguiente etapa.

## Los contras de desarrollo ágil

### *y de tener un equipo confundido*

El mayor inconveniente del avance de Agile es que la gran mayoría no comprende ser ágil. Por lo tanto, hacen sospechas incompatibles sobre lo que esto implica tanto para los grupos de promoción como para el negocio. Numerosas organizaciones "necesitan" ser ágiles, pero no contribuyen con el tiempo, el dinero ni el impulso para realmente instruir a la administración o los representantes sobre cómo se aplican los estándares y qué enfoque funcionará mejor dentro de su forma de vida y asociación.

Con mucha frecuencia, Agile se adopta como una disposición de la espalda al frente... o más lamentable, dentro de una "burbuja" de grupo de mejora que no tiene en cuenta los efectos en diferentes negocios y productos. La gran mayoría de los comentarios comparados con Agile en los últimos tiempos se originaron en grupos que optaron por "hacer rodar sus propias" respuestas sin dejar de lado la oportunidad de comprender y, en cualquier caso, tratar de actualizar las ideas y prácticas esenciales de los procedimientos prevalecientes. Del mismo modo, con cualquier ajuste en la cultura, el proceso o los individuos, no poner los recursos en la comprensión por qué motivo está implementando una mejora y los impactos de dicho cambio inevitablemente provocarán decepción.

La flexibilidad puede conducir a malos comportamientos. Otro problema normal, debido a una ausencia de preparación formal o comprensión, es que la flexibilidad específica de Agile como razonamiento puede hacer que los grupos tomen parte en prácticas terribles y "criticar" los resultados posteriores de Agile en lugar de las malas decisiones tomadas por el grupo.

Hay pocas culturas corporativas que están "preparadas" para las progresiones que Agile requiere, que no son, en el mismo número de imágenes, consignadas solo a los grupos de mejora. El tipo de flexibilidad, vulnerabilidad y auditorías provisionales estándar que hacen que los enfoques ágiles sean efectivos requieren medidas críticas de progreso.

### La ausencia de previsibilidad

Así como la cultura es la ausencia de consistencia innata en Enfoques ágiles, que son un componente del reconocimiento de vulnerabilidad y la atención para hacer exactamente qué trabajo es importante para pasar a la siguiente etapa

Cuando reconocemos la vulnerabilidad en nuestros esfuerzos y consideramos que reaccionar para cambiar después de un acuerdo, perdemos el tipo de consistencia y seguridad (con frecuencia, una sensación equivocada de que todo está bien y bien) transmitido por los mapas de ruta de nivel 12 a dos años. Esto puede ser regularmente una píldora dura para tragar; se enreda en la planificación, promoción de planes, acuerdos de diseño de acuerdos e incluso lanzamientos de especialistas financieros. Ante la posibilidad de que una organización espere tener la capacidad de prever medio año o más más tarde con un alto nivel de seguridad, no podrá progresar totalmente utilizando medios genuinamente ágiles.

# ¿Qué significa Scrum?

———————◆·———————

Entonces, cómo encaja Scrum específicamente en su negocio o equipo. Encontrarás varias estrategias para Agile Framework. Cada estrategia (o tipo de marco ágil) tiene el énfasis principal en capacitar a los diseñadores para que colaboren, así como para que tomen decisiones juntos. Es esencial tener en cuenta que cada desarrollador tiene una historia diferente, lo que le permite al equipo hacer el trabajo de manera más rápida y eficiente. No quieres que todos aprendan a hacer exactamente lo mismo. ¿Qué pasa si se encuentran con un problema que no pueden resolver, ya que todos tienen el mismo fondo? El uso de personas que podrían hacer cosas diferentes permitirá construir un equipo mucho más unido y, a su vez, el equipo desarrollará muchas más cosas increíbles. Y no se olvide, el panorama general de la ideología del desarrollo Agile es el desarrollo de aplicaciones de software en pequeños incrementos

Cada incremento individual se examina antes de que se considere hecho, y eso garantiza que el artículo se elabore con la calidad en qué período determinado, en lugar de determinar la calidad en una fecha posterior. Para resumir, un Marco Agile es un procedimiento en el que el equipo de desarrollo puede implementar las cosas que suceden. Está diseñado, por lo tanto, todas las partes, al igual que el comprador, pueden proporcionar comentarios mientras se está diseñando el proyecto. Hacer esto reduce los problemas en un momento posterior y hace que sea mucho más efectivo a largo plazo. A pesar de que Agile Framework tiene varios métodos, el más común es Scrum. Scrum es un tipo de Marco Agile que tiene un programa extenso, que proporciona administración y control de proyectos incrementales e iterativos de varios tipos.

Es útil cuando hay una variedad de tipos de proyectos y también puede ayudar a completar todas y cada una de las tareas de manera oportuna mientras se asegura que el valor del elemento no se modifique. Es una buena filosofía colaborativa y conectiva, que también permite que cada proyecto se termine de la mejor manera. Para que esto se complete, encontrará varios roles en el proceso Scrum, y cada individuo debe obtener su trabajo con seriedad. En caso de que un individuo no haga su trabajo correctamente, entonces el procedimiento fallará.

Una vez más, Scrum es exactamente sobre conectividad y trabajo en equipo.

Dividiéndolo aún más, Scrum tiene 3 principios fundamentales: Inspección de la transparencia y Adaptación. Casi todo se trata de ver las cosas tal como son y también hacer que todos los que están seguros entiendan lo que está sucediendo todo el tiempo. Es crucial que sea conciso y claro, y mantenga a todos informados. A veces puede parecer que debería estar ocultando un error, pero que empeorará las cosas pequeñas a la larga. Es crucial que seas transparente durante todo el procedimiento.

La inspección asegura que hay un tipo de responsabilidad involucrada. Cada Sprint requiere un tipo de inspección, para que se demuestre que las cosas permanecen en el camino correcto. ¡Sin él, el equipo podría estar trabajando duro en una solución que no podría estar funcionando! Y la adaptación es probablemente uno de los principios más importantes. Las cosas cambian, así es precisamente en la vida diaria y dentro del mundo laboral. Es esencial que el Equipo Scrum tenga la capacidad de adaptarse a cada uno de los diversos cambios por los que pasará el procedimiento. El comprador puede cambiar de opinión, el Equipo Scrum podría mejorar la forma en que desean terminar un trabajo, el Propietario del producto podría hacer modificaciones en el Registro de productos.

Cada producto pasa por muchos cambios a lo largo del procedimiento, y es crucial ser adaptable. En general, el elemento no se creará, y también será necesario volver a trabajar todo el sistema.

# Cómo poner un equipo
# Scrum en su lugar

———————◆———————

Hay 3 roles importantes en Scrum: El Equipo Scrum, el Scrum Master, y el propietario del producto, Scrum Master. Cada una de estas funciones conlleva ciertos deberes que deben cumplir para que todo tenga éxito. Además, tienen que trabajar muy estrechamente en una relación simbiótica solo para el mejor efecto. Scrum Master son las personas que tienen el control y también las que llegan a las grandes ideas.

Es la responsabilidad de producir la visión y también contratar al Equipo Scrum para verlo hecho. En realidad, ¡a nadie más se le permite decirle al Equipo Scrum lo que deben hacer! El propietario del producto se centrará mucho más en el aspecto comercial de los artículos, representando al comprador y las partes interesadas. El trabajo está representado por un solo individuo, ya que tener un grupo que intente ejecutar las cosas será confuso. Es deber del propietario del producto asegurarse de que el artículo obtenga el mejor valor, esa es la razón por la que se desempeñan muy bien con el equipo Scrum.

Las dos funciones que trabajan juntas aseguran que todo se complete en el momento perfecto para que el proyecto sea un éxito. Hay muchas responsabilidades únicas que el propietario del producto tiene el control de. Uno de ellos es el trabajo de gestionar el backlog. El propietario del producto es el único responsable de la gestión de la acumulación. Es responsabilidad de comprender, producir y también describir, cuando sea necesario, la información en el registro.

También es el papel de priorizar las cosas. Este es particularmente importante ya que es deber del Propietario del producto reconocer qué productos deben considerarse inicialmente para garantizar que cada objetivo se cubra de manera rápida y también para asegurarse de que el Equipo Scrum entienda los componentes particulares del reserva.

Otra es la gestión de partes interesadas, que es exactamente donde el propietario del producto habla con las diferentes partes interesadas y será la única persona que puede hacerlo. Las partes interesadas hablan sobre conceptos de desarrollo completamente diferentes con el

Propietario del producto, quien posteriormente lo pasa al Equipo Scrum en el tipo de artículo Backlog. El propietario del producto tiene el control de la gestión de versiones. Piensan en el programa de lanzamiento, y también en qué fecha se deben entregar las cosas. También son las personas que valoran todo porque son responsables de estas elecciones.

## Scrum Master

Los Scrum Masters son considerados como los mentores. Se aseguran de que todos se adhieran al proceso Scrum, donde se optimiza el flujo de entrega. Hacen todo lo posible para garantizar que el Scrum Team se mantenga dentro del programa y se realice las preformas dentro del nivel máximo de condición física. Esto implica trabajar junto con el propietario del producto, facilitar reuniones y eliminar algunas posibles distracciones e impedimentos para el crecimiento actual. Un Scrum Master efectivo lo ayuda a proteger al Equipo Scrum de un compromiso excesivo; es factible que los Propietarios de productos presionen al Equipo Scrum y también intenten encontrarlos para hacer mucho más durante un sprint.

Por otro lado, Scrum Master también se asegurará de que el equipo no sea muy complaciente y que haga el trabajo que debe realizar de manera inmediata. Es una buena línea, ¡pero increíblemente significativa! Un Scrum Master también debe lidiar con el problema de estar realmente en control pero no tener energía real sobre el Scrum Team. Pueden mantener el equipo en la tarea y la asistencia para facilitar los problemas, pero no pueden despedir ni emplear a nadie.

Están allí para ayudar al equipo específicamente con Scrum, pero solo pueden usar el grupo como miembros. Lo que esto significa es que no pueden señalar a una persona en particular y hacer que esa persona haga algo.

El poder de Scrum Master debe estar sobre el grupo completo. Para poder realizar todos estos deberes con éxito, Scrum Master debe ser competente en Desarrollo de conocimientos técnicos, Moderación y Entrenamiento. Cada habilidad se utiliza de diferentes maneras a lo largo de los sprints, además es crucial que Scrum Master sea capaz. En el marco, Scrum Master controla la planificación y el trabajo de las reuniones diarias de planificación de Sprint, las reuniones de scrum, las reuniones retrospectivas de Sprint y las reuniones de revisión de Sprint. Esencialmente, es un grupo de personas que trabajan en conjunto para proporcionar el producto solicitado al cliente. Tienen que abordar cada tarea con un equipo poderoso de por lo general de seis a diez miembros.

Es probable que haya varios miembros diferentes en los equipos, según la cantidad de trabajo que deba completarse. Es esencial que los equipos de Scrum permanezcan pequeños para mantener la comunicación y la productividad efectivas. Es muy importante que cada uno de estos equipos se coordine para garantizar que todos estén en el mismo sitio. Para que esto ocurra, tienen conferencias llamadas Reuniones Scrum of Scrum. Cada equipo elige un miembro, una persona que los represente, y la mayoría de estos representantes se reúnen para la coordinación entre equipos. Tener a alguien como representante del equipo les permite trabajar mejor en concierto para completar el proyecto. Es una especie de grupo de élite que informa a los respectivos equipos. Cada miembro individual del Equipo Scrum tiene un rango específico de habilidades, se practican entre sí en estas habilidades, por lo tanto, cada persona aprenderá cómo proceder.

Significa que cada grupo está bien equilibrado con numerosas especialidades diversas, en las que las personas adicionales deben obtener un mínimo de una pequeña comprensión. Llevar a cabo esto garantiza que el proyecto no se vea obstaculizado y que todos puedan ayudarse mutuamente con cada proyecto Para que todos interactúen de manera competente, todas y cada una de las partes utilizan exactamente las mismas reglas, tienen un objetivo típico y también muestran respeto entre ellas. Como es cuando se forma un grupo por primera vez, puede haber problemas en el proceso. Un nuevo equipo no entregará el efecto perfecto al principio; Necesitaba algo de tiempo para adaptarse y para determinar cómo pueden trabajar juntos.

Por lo general, generalmente se requieren aproximadamente tres sprints antes de que el equipo resuelva todos los problemas. Hay muchas reglas con las que los miembros se presentan y deciden.

Esto puede permitir que todo fluya un poco más fácilmente. Deben estar de acuerdo en algún momento; Lugar del día Reuniones de Scrum, codificación de cosas, equipo a utilizar que se aplica para determinar en caso de que se realice el trabajo o tal vez no.

En caso de que ocurra una falla, nunca se apunta a un miembro del grupo en particular; Scrum Team es un completo y también falla como completo. Lo mejor que puede hacer el Scrum Team para tener éxito es definir lo que acordarán darle al final del sprint, la forma en que cada efecto podría dividirse en proyectos, y eso se ejecuta en cada trabajo y en qué orden cada Se realiza el proceso. Cada Equipo Scrum tiene una serie de tareas que deben cumplir para poder tener éxito. Tienen que hacer el día en la reunión de Sprint, producir el registro de Sprint, asegurarse de que el artículo se pueda entregar correctamente y deben actualizar constantemente la condición y lo que queda de la tarea para poder producir el diagrama de quema de Sprint .

## Funciones no básicos en Scrum

Al igual que encontrará funciones básicas que son esenciales en Scrum, existen funciones no básicas. Si bien estos roles no son obligatorios para una tarea de Scrum y es posible que ni siquiera sean tan necesarios como los otros roles, ahora son realmente importantes ya que pueden desempeñar un importante componente en los proyectos. Estos son los interesados, los proveedores y el cuerpo de guía de Scrum. Las partes interesadas son el grupo de individuos que contienen usuarios y los patrocinadores que a menudo colaboran con Scrum Team, Scrum Master y Product Owner. Es su trabajo pensar en cosas que ayuden y ayuden a iniciar el desarrollo del producto o servicio del proyecto y dar impacto durante todo el desarrollo del proyecto.

El cliente es la persona determinada que compra el servicio o producto del proyecto. Es posible que el proyecto de una organización posea clientes dentro de ese mismo negocio (clientes internos), o tal vez clientes fuera de ese negocio (clientes externos). Un usuario es una persona u organización que utiliza el producto o servicio del proyecto. Simplemente ame a los clientes, podría haber usuarios externos e internos. En realidad, es fácil para los usuarios y clientes ser exactamente la misma persona. El patrocinador es la organización individual o tal vez que proporciona recursos y apoyo para el proyecto. Son también la persona a la que todos son responsables al final. Los proveedores de proveedores son organizaciones o personas externas. Ofrecen servicios y artículos que normalmente no se encuentran dentro de la organización del trabajo.

Ayudan a traer artículos en los que puede no estar allí de otra manera.

El Scrum Guidance Body es electivo y está compuesto posiblemente por un equipo de documentos o quizás un grupo de profesionales. Es el trabajo explicar las regulaciones gubernamentales, la seguridad, los objetivos relacionados con la calidad y otros detalles observados en el negocio. Son estas pautas las que ayudan al propietario del producto, a Scrum Master y al equipo de Scrum a manejar el trabajo de manera regular. Además, Scrum Guidance Body es una excelente forma del grupo para comprender cuáles son los mejores métodos y cuáles se deben usar en la mayoría de los proyectos Scrum. Es esencial tener en cuenta que la Guía Scrum

El cuerpo no hace algunas elecciones asociadas con la empresa. Alternativamente, se usa como guía junto con un medio estructural para que todos en el grupo de tareas consulten el perfil, la tarea y el sistema. Es particularmente útil para los Scrum Teams, quienes pueden examinar y consultar al Scrum Guidance Body en busca de ayuda cada vez que lo deseen.

Scrum Artifacts Precisamente, ¿qué es un artefacto? En terminología arqueológica, un artefacto describe un objeto hecho por el hombre, como un jarrón y una herramienta. Esencialmente, un artefacto es algo que nosotros hacemos para poder solucionar un problema o incluso producir algo.

# Los elementos de Scrum

Scrum Agile Framework utiliza artefactos para poder ofrecer información precisa sobre el producto; qué ocurre mientras está en desarrollo, las tareas que se están planificando actualmente y también las actividades que se realizan actualmente. Encontrará numerosos artefactos que podrían ser factibles en una tarea, aunque las personas principales son: el Backlog del producto, que es una lista de todas las especificaciones, características, funciones y reparaciones que deberían producirse en el artículo para cualquier versión posterior. A medida que se consume el producto, se proporciona retroalimentación y también el trabajo acumulado cambia y aumenta.

En realidad, es fácil que la acumulación se modifique totalmente, en función de la tecnología, las necesidades comerciales y las condiciones del mercado. Siempre está evolucionando; Mientras exista el elemento, también lo hará el elemento Backlog. Por lo general, las cosas en el artículo Backlog poseen una descripción, orden, estimación y valor que se les otorga. No es una lista completa y cambia continuamente en función de lo que el artículo requiere en este momento.

El propietario del producto puede ser la única persona que tiene el control del trabajo atrasado, aunque el equipo hace algo llamado Refinamiento del producto atrasado. Esto es cuando el Scrum Team proporciona detalles, orden de prioridad y también estimaciones en la lista, y determina cómo y cuándo debe completarse el refinamiento.

Las tareas normales, mientras que en el refinamiento incluyen: revisar es la prioridad más alta de los productos además de la cartera de pedidos, hacer preguntas sobre el Propietario del producto que tiene que tratar con productos que no son mucho más necesarios, escribir artículos nuevos, clasificar y priorizar las cosas , redefiniendo los requisitos de aprobación, refinando elementos para preparar para Sprints posteriores; conocimiento de que el diseño del elemento puede mejorar cuando surge la acumulación. Cuanto mayor es el número de información que tiene un producto de la cartera de programas, mayor es la lista. Es esencial tener estimaciones precisas para completar el proyecto.

Por lo tanto, los muchos menos detalles allí implican que es más barato en la lista y puede tardar un poco más en hacerlo. Después de que Scrum Team obtenga información adicional sobre un elemento, podrían moverlo mucho más arriba en la lista. Sprint Backlog El Sprint Backlog se puede considerar como una lista de tareas pendientes para el Scrum Team. Es el conjunto de productos de Product Backlog que se seleccionan para el Sprint, y también un programa para conocer el objetivo final de Sprint, así como para suministrar el Incremento del artículo. Esencialmente, muestra todo el trabajo que debe hacer el Equipo Scrum para poder satisfacer la meta de Sprint.

25

Es un listado que se personaliza a lo largo del proceso; Cada vez que aparece un nuevo trabajo; El equipo de Scrum lo proporciona con el Sprint Backlog. Por lo general, las cosas en el Registro de Sprint se consideran no necesarias, por lo que es probable que varias regiones del programa se eliminen de la lista. Solo el Equipo Scrum puede, de hecho, modificar el Sprint Backlog durante un Sprint. Se crea específicamente para todos los integrantes del equipo y también les permite mantenerse en curso y concentrados. Scrum Team planea hacerlo durante el Sprint y debe ser justo para ellos.

Sprint Burn Down Chart Lo más probable es que esto no se considere realmente un artefacto Scrum. Sin embargo, esta frase en particular aparece con la frecuencia suficiente durante el sistema, por lo que es práctico para garantizar que permanezca en la lista. Mientras ocurre un Sprint, el Equipo Scrum puede monitorear toda la función restante en el Registro de Sprint. Es la forma más fácil de averiguar cuánto tiempo tomará obtener el Objetivo Sprint y determinar cómo puede administrar el progreso. Scrum Team trabaja en un método conocido como Sprint Burn down Chart como medio para monitorear el progreso.

El propietario del producto puede tomar la información y también compararla con las revisiones anteriores de Sprint para determinar si el Scrum Team está a tiempo y completando su función proyectada por el período preferido para el objetivo. El propietario del producto luego comparte esta información con las partes interesadas, por lo que todos están a bordo. Incremento Considerado como el artefacto de Scrum más importante, el Incremento es una vez que el Equipo de Scrum combina todos los productos de productos pendientes que se terminan durante un Sprint con los incrementos de todos los Sprints anteriores.

Al final de cada Sprint, todo debe verificarse para garantizar que el sprint cumple con la Definición de Hecho del Equipo Scrum. La Definición de Hecho de los equipos es la comprensión compartida por el Equipo Scrum que describe exclusivamente lo que "hecho" realmente significa.

Esta caracterización podría ser diferente para cada Equipo Scrum y es probable que madure a medida que el equipo se expande y madura. Además de que el propietario del producto puede decidir no lanzarlo, el artículo debe permanecer en buenas condiciones. Las personas del Equipo Scrum son las personas que determinan lo que se ve como un Incremento. Las opiniones pueden diferir, pero los trabajadores tienen que experimentar un entendimiento compartido sobre lo que significa que el trabajo duro esté completo para que se considere terminado.

Normalmente usan esta información después de que se realiza la tarea. Y esta información también se utiliza para ayudar al equipo a determinar la cantidad de objetos de la cartera de productos que se seleccionan durante la planificación de Sprint.

El objetivo de Sprint es ofrecer Incrementos que muestren claramente la funcionalidad probable cuando se inician, y también se presenta un Incremento de la funcionalidad del producto con cada Sprint. Con esta información, el propietario del producto puede optar por lanzarla al instante. Cada Incremento separado se coloca en cada uno de los Incrementos previos para asegurar que todos los Incrementos tengan la capacidad de trabajar juntos. Y también como el Equipo Scrum normalmente pasa más horas trabajando en concierto, la definición de Incremento debería crecer para incorporar criterios más sólidos para mayores beneficios.

Es una práctica común para todos y cualquier artículo para obtener un incremento por cualquier trabajo realizado en ellos. La principal conclusión de esto es que el Product Backlog y también el Sprint Backlog se utiliza para describir el trabajo que debe completarse, el trabajo que traerá valor a la empresa. El incremento del producto será el departamento del producto que se terminó durante un Sprint. Puede ayudar al equipo a saber cómo lo están haciendo junto con la meta de Sprint.

Además, ayuda a limpiar la información que es clave, por lo que todos tienen la misma comprensión en todos los ámbitos. Scrum Projects podría ser un gran negocio para tratar. Encontrará varias cosas diferentes que suceden, y mucho para vigilar. ¡Quizás los términos en sí son a menudo un poco abrumadores! Lo esencial a tener en cuenta es el hecho de que los proyectos Scrum tienen tareas esenciales para garantizar un desarrollo óptimo del producto. El uso de cada procedimiento ayudará al rendimiento y también puede mejorar las cosas desde el principio hasta el final de la empresa. Esto también se llama el flujo de proceso Scrum. Un Sprint es un breve período de tiempo de desarrollo en el que el equipo crea la funcionalidad del producto.

Los esprints generalmente duran entre 1 y cuatro semanas y pueden durar hasta 1 día. Se considera que tienen un breve ciclo de desarrollo, por lo que no debe tomar más de cuatro semanas. El valor financiero planificado está determinado por la duración del Sprint, por lo que en caso de que tome más de lo que se creía inicialmente, eso significa que se invierte dinero adicional

## Planificación de Sprint

El Equipo Scrum se reúne al comienzo de cada Sprint, y también está debajo de donde determinan y se comprometen con algunos

## Meta de sprint

El Propietario del producto proporciona el artículo Trabajo acumulado, muestra claramente las tareas y le pide al equipo que compre las tareas en las que desea centrarse. El Equipo Scrum también resuelve las demandas que se utilizan para ayudar al propósito declarado y pueden ser utilizadas dentro del Sprint. Además, el Equipo Scrum identificará los trabajos individuales que tomará para cada requisito en particular.

## Scrum diario

Una breve conferencia de quince minutos que se lleva a cabo todos los días en un Sprint y también tiene el Scrum Master. Durante esta conferencia en particular, los miembros del Equipo Scrum se coordinan en las prioridades. Discuten qué es lo más importante para lograrlo a lo largo del día, lo que terminaron el día en el pasado y, en caso de que puedan surgir algunos obstáculos al practicar el trabajo del día presente. Hacer esto ayuda a simplificar todo, y también evita que aparezcan algunos problemas inesperadamente.

## Revisión de Sprint

Una reunión que es creada por el propietario del producto y ocurre al final de cada Sprint. Durante esta conferencia en particular, el Equipo Scrum muestra desde el desempeño del producto de trabajo que terminaron durante el Sprint anterior hasta el Propietario del producto. El propietario del producto determina si se incluye o no todo el Sprint Backlog. Es probable que algo se vuelva a colocar en el registro en caso de que no se haga correctamente.

Las retrospectivas de Sprint son similares a una revisión de Sprint, esta es una conferencia que se realiza después de cada proyecto o Sprint. Sin embargo, no está liderado por el propietario del artículo, sino por el equipo Scrum, junto con el propietario del producto. Explican qué fue lo que salió bien, qué cambios son posibles que pueden hacer y también cómo puede crear todas esas mejoras. Además, discuten la manera de lograr que el trabajo en equipo sea más efectivo en caso de que se presenten algunos problemas. Es esencial hablar sobre los problemas, de lo contrario, puede crear problemas más adelante en la carretera, lo que podría impedir que el proyecto continúe.

## Técnicas de estimación ágil

Dentro de cada Sprint, el equipo puede descubrir formas diferentes para tomar una decisión sobre una estimación ágil de un gadget. No hay una forma completamente incorrecta, cada equipo tiene que elegir el que sea más efectivo para ellos. Usando cualquier tipo de tarjetas, los trabajadores escriben cifras específicas sobre ellos para votar por una estimación. En caso de que los votos no coincidan, y luego continúa con una charla, por lo tanto, todos están a bordo; Lo que ayuda a seguir adelante hasta que los votos sean unánimes. Esta es una excelente técnica para encontrar estimaciones de algunos productos.

El sistema de cubetas Este método utiliza la misma secuencia de números que en Planning Poker, pero en lugar de jugar a las cartas, calculan los artículos colocándolos en cubos. El cubo no necesita ser un cubo real, el equipo puede usar algún elemento que contendrá las estimaciones. Este método es realmente más rápido que Planning Poker, ya que existe la etapa de dividir y conquistar. Este método es mucho mejor para números más grandes que Planning Poker y también estimará una mayor cantidad de productos.

Grande / Incierto / Pequeño

Este es un método fantástico cuando Scrum Team debe tener una estimación ágil significativamente más rápida. Los elementos que requieren estimaciones se clasifican en 3 categorías distintas: pequeño, incierto y grande.

El equipo comienza hablando solo de algunos de ellos, después de lo cual utiliza el método de dividir y conquistar para asignar trabajo a ellos mismos. Este método se considera algo casual y es beneficioso si la información se requiere rápidamente y hay una mayor cantidad de productos. Las tallas desean con una discusión colaborativa y abierta. En caso de que haya un punto muerto, y luego el equipo puede votar en el tamaño que mejor se adapte. Una vez que se completa la estimación, también se pueden dar valores numéricos a los tamaños en caso de que sea necesario.

## Mapeo de Afinidad

Este método consiste en juntar las cosas dependiendo de cuán similares sean. A veces debería hablarse sobre el significado de lo que a menudo significa similar para el equipo en relación con los productos. El Mapa de Afinidad funciona mejor cuando hay una pequeña cantidad de productos, principalmente porque es realmente una acción extremadamente física. Las estimaciones numéricas pueden contribuir a las agrupaciones después de que todo esté ordenado, en caso de ser necesario.

## Protocolo de pedidos

Usando la escala simple de bajo a alto, las cosas se configuran en un orden. Una vez que están dentro de una orden, cada miembro del grupo toma un turno para crear cambios. A menudo pueden reemplazar el pedido de un producto transfiriéndolo un punto más bajo o tal vez un lugar más alto, usarán el turno para revisar el producto en cuestión, o tal vez puedan pasar su turno. En caso de que todos decidan aprobar y luego se realiza el cambio de compra. Este método incluso ofrece algunas variaciones:

El método de desafío, anulación, estimación y valoración relativa de la masa. Divide hasta tamaño máximo o incluso menos El grupo elige un tamaño máximo, como un día individual de energía, para cada producto.

Deben decidir en caso de que cada producto ya haya tenido el tamaño máximo o quizás sea mucho menor. Si el producto termina siendo más grande en comparación con el tamaño predeterminado, el equipo divide el producto en elementos secundarios. El procedimiento se repetirá con los elementos secundarios y continuará hasta que cada producto sea descubierto.

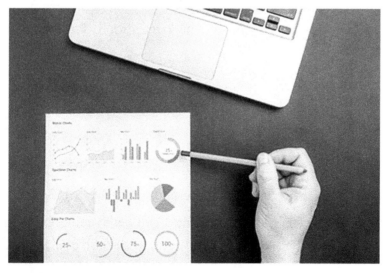

Junto con estas estrategias, encontrará conceptos específicos para observar cuando realice una estimación ágil. El equipo debe tener en cuenta que se afirma que las tácticas son colaborativas, lo que significa que se requiere que todos sean proporcionados al mismo tiempo. Estos métodos también alientan un sentimiento de unidad; Se crean para garantizar que no se pueda culpar a un individuo por una cita incorrecta, ya que no es posible rastrear quién estimó qué. También se pretende que sean más rápidas que las técnicas tradicionales regulares.

La estimación se reconoce como una actividad sin valor agregado, por lo tanto, estas técnicas se utilizan para minimizarla casi en la medida de lo posible. Hacia más en esta estimación específica, Agile no implica la estimación de días reales o dólares. En su lugar, se utilizan puntos o quizás etiquetas, así como los bienes se comparan entre sí, y eso evita los problemas cuando se compara algo con una idea abstracta.

## Sprint en etapas

Crear un equipo de personas para lograr algo tan avanzado como el procedimiento Scrum podría ser una tarea difícil. Es necesario para asegurarse de que todos trabajen hacia el mismo objetivo, y también implica un cierto procedimiento conocido como Proceso de Desarrollo del Grupo. Este procedimiento es un sistema de cinco pasos que garantiza que el equipo Scrum sea lo más efectivo posible. Las primeras cuatro etapas (Formación, Norming, Storming, así como Performing). Estas etapas son necesarias para que el Scrum Team desarrolle la aplicación de este método que les ayude a experimentar dificultades, encontrar soluciones, planificar el trabajo, abordar problemas y brindar los mejores resultados posibles. Es interesante tener en cuenta que, especialmente en el desarrollo de aplicaciones Agile, los equipos mostrarán un comportamiento conocido como enjambre. Esta es una capacidad que se muestra cuando el equipo se enfoca, colabora y en conjunto para resolver un problema singular.

Esta acción se adapta cada vez que un enjambre de insectos se centra en el mismo evento, como un enjambre de avispas que atacan a alguien porque dicha persona determinó que sería una buena idea golpear el nido de la avispa con un bate de béisbol.

El uso de la estrategia del Proceso de Desarrollo de Grupo da como resultado la madurez junto con un Equipo Scrum muy efectivo. Es importante recordar que a veces un procedimiento de esta manera puede llevar tiempo. Muchas empresas están definitivamente más preocupadas por los resultados rápidos y por saltar a las cosas al instante, sin preocuparse de cuán vital es el desarrollo del equipo. El uso de una técnica de esta manera llevará a un buen impacto y también a los resultados del Equipo Scrum. Etapa de formación Es muy importante que el Equipo Scrum comience de una vez.

Esta fase se utiliza para que el equipo pueda aprender unos a otros y aprender cosas diferentes que tienen en común.

Lo utilizan para enlazar de una manera que les permita unirse sin problemas. En caso de que se omita esta fase, el equipo puede tener dificultades para pasar de las acciones posteriores del proceso. Una de las formas en que el equipo puede asociarse es mediante la realización de divertidos juegos para romper el hielo. Los miembros del equipo pueden compartir información personal; Las películas que aman, la música favorita, o tal vez las comidas favoritas.

Puede haber otro miembro del equipo al que le gusten exactamente los mismos problemas, que les permita conectarse entre sí. Durante este punto en particular, los trabajadores dependen de un líder de equipo para la dirección y orientación. Los usuarios están buscando la aceptación del equipo y desean sentirse como una habitación segura. Planean mantener las cosas fáciles y buscan evitar la controversia, esto significa que se evitan los temas y los sentimientos serios regulares. La orientación también juega un papel muy importante en esta etapa en particular.

Los miembros del equipo intentan estar mucho más orientados no solo entre sí, sino también en las tareas. A menudo, las discusiones giran en torno a la determinación del alcance de cada empresa, la forma de abordarla y las inquietudes relacionadas. Para que el equipo pueda obtener de este trabajo en particular lo siguiente, necesitan salir de su paquete de comodidad y correr el riesgo de conflicto. Storming Stage Storming es un nombre apropiado debido a este punto.

Este es probablemente el que tiene más probabilidades de que surjan competencia y conflictos. El miedo al miedo o el fracaso de la exposición podría entrar en juego, así como aumentar el deseo de tener una aclaración estructural y compromiso.

La gente va a cuestionar quién estará en control, quién es responsable de qué, cuáles son los principios, el sistema de recompensas y cuáles son los requisitos para las evaluaciones. Puede haber alteraciones de comportamiento en las percepciones basadas en temas de competencia. los miembros del equipo pueden aliarse junto con otros miembros del equipo, particularmente aquellos con los que ya están familiarizados. En realidad, es probable que se desarrollen grupos, contra los cuales varios miembros del equipo estarán en contra.

Algunos usuarios realmente podrían sentirse mucho más cómodos hablando, mientras que otros pensarán que es mucho mejor quedarse callado. Podría terminar en el Scrum Team sintiéndose astillado sin sentir que Son un grupo. Es esencial descubrir varios tipos de trabajo junto con otros obstáculos que se interponen en la forma en que el equipo termina la meta. La forma más efectiva de resolver disputas es a través de un enfoque basado en la colaboración y la resolución de problemas. Es el único método para que el equipo se unifique y también trabaje en equipo.

La única razón detrás de saltarse una etapa de esta manera es en caso de que Scrum Team ya haya sido desarrollado y esté trabajando en conjunto por algún tiempo. Es probable que se conozcan el diseño de trabajo del otro y que se agrupen como grupo.

En caso de que esta fase sea necesaria, y luego el único método del equipo de Scrum para cambiar a otro, está siguiendo una mentalidad de resolución de problemas. Y el rasgo más importante para cada parte es el potencial para escuchar.

## La etapa de norming

Esta etapa es realmente acerca de la cohesión dentro del equipo. Es esencial que cada parte acepte los esfuerzos de los demás, la construcción de la comunidad y luego haga un esfuerzo para resolver los problemas del equipo. Los miembros del equipo deben estar preparados para alterar sus opiniones e ideas anteriores cuando se les presente información de otros miembros del equipo. Esto debería ir haciendo preguntas unos de otros. El equipo reconoce que se discute el liderazgo, y no hay demanda para ninguna camarilla.

Hacer que todos los miembros se conozcan y determinarse entre sí es esencial para fortalecer la confianza. de los cuales luego contribuye a la mejora del grupo como dispositivo.

También es crucial que haya establecido reglas para la forma en que el equipo opera en cada reunión. Los trabajadores tienen que hablar sobre estrategias, como el lugar de la conferencia, la duración de la conferencia y la hora en que comienza. Tienen que discutir cómo va a fluir la conferencia y qué debe hacer en caso de que surjan conflictos. La inclusión desempeña un trabajo crucial dentro del Equipo Scrum. Cada miembro del grupo debe sentirse como pertenece, por lo que realmente participan en todas las actividades. El objetivo principal es encontrar un conjunto de reglas que todos puedan aceptar y luego seguir. Hacer esto puede ayudar al equipo a trabajar de la mejor manera posible.

El equipo sentirá una sensación de compañía y casi una sensación de alivio cada vez que se resuelvan los conflictos interpersonales. En esta etapa particular, la imaginación es alta; Hay un sentimiento de intercambio y apertura de información, cada uno a nivel privado y laboral. Todo el mundo se siente bien por ser parte de un equipo que hace las cosas. El único inconveniente en este punto es el hecho de que los usuarios se resisten a los cambios de todo tipo y sandalias que temen la inevitable ruptura futura del equipo. Podrían determinar que el único método para mantenerse alejado de dicha ruptura es resistirse a formarla desde el primer lugar.

## La etapa de ejecución

Esta etapa no es alcanzada por todos los grupos. En caso de que lo hayan logrado, el equipo ha creado un equipo muy unido que confía el uno en el otro y está preparado para hacer los deberes de manera efectiva y eficiente. los miembros del equipo están listos para funcionar de manera independiente, en subgrupos, o quizás debido a que el número está completo con igual productividad. Los roles de todos están listos para cambiar y ajustarse según los requisitos del grupo y las personas. Esta es la etapa en la que el grupo es el más efectivo. Cada parte individual es ahora segura de sí misma y realmente parece que no tiene sentido encontrar la aprobación del grupo. Los miembros del equipo son tanto orientados hacia las personas como hacia las tareas. Hay una experiencia específica de unidad y. La moral del grupo es bastante alta, la lealtad del grupo es buena y todos saben quiénes son como equipo.

Scrum Team realmente funciona podría mejorar con el tiempo, por lo que hay una poderosa experiencia de asistencia para la experimentación en la solución de problemas. El equipo es eficaz para trabajar juntos con la suficiente eficacia para adaptarse y aceptar el cambio.

Todos entienden que el objetivo general es alcanzar la productividad a través de un trabajo arduo y de resolución de problemas. La eficiencia también es ideal si el equipo utiliza las pautas puestas en la Etapa de Normalización, ya que se utiliza para resolver conflictos personales. En caso de que ocurra tal situación, el equipo tendrá que seguir las pautas y hacer cumplir lo que el equipo decidió originalmente.

## Etapa de Levantamiento

Esta etapa no fue inicialmente una parte de la tarea y se insertó en años posteriores. Pero simplemente, ya que se había colocado en un período posterior, ¡no indica que sea menos crítico! En esta etapa en el tiempo, el equipo casi con seguridad ha cumplido con la visión de la tarea. Mientras que los aspectos complejos de las cosas están terminados, el equipo debe determinar con puntos en un nivel individual. Deben centrarse en cómo trabajaron juntos como grupo y ver en caso de que se puedan realizar algunas mejoras.

El equipo también reconoce los logros y la participación. También podrían usar esto como una oportunidad para despedirse en privado. El equipo trabajó estrechamente entre sí en un proyecto riguroso. Es esencial envolver las cosas en un nivel individual, o de lo contrario puede haber una sensación de incompletitud. ¿Y en caso de que el equipo se vuelva a juntar en futuros trabajos? Es crucial que repasen el procedimiento y las metodologías que tuvieron éxito y también las sandalias que fallaron.

El equipo puede pasar y decidirse en caso de que haya todo lo que se pueda salvar con una pequeña cantidad de cambio. La información recopilada durante este tiempo en particular podría incluso ser utilizada para evaluaciones de desempeño. Por lo tanto, es crucial que el equipo tome la etapa en serio. A veces puede ser difícil mantenerse dentro de las etapas. Puede haber una persona que sea particularmente obstinada, o quizás algunas personas simplemente no trabajen de manera particularmente efectiva con los demás. Para que el equipo logre el mejor potencial, deben ser lo suficientemente versátiles como para admitir cuándo necesitan asistencia.

Hay algunas medidas distintas que un equipo puede tomar para asegurarse de que se construyen correctamente a través de las distintas etapas: El equipo tiene que asegurarse de que cambien el deber del facilitador del equipo.

Cada persona debe tener la oportunidad de estar a cargo y, al mismo tiempo, hacer esto crea una sensación de igualdad e inclusión. La misión y el propósito del grupo deben ser claros para los demás miembros involucrados. Y también la búsqueda realmente debería ser revisada a menudo.

En el caso de que algo haya cambiado o tal vez algún miembro haya olvidado lo que inicialmente se dijo que era. Es posible que la misión cambie, según las respuestas del cliente después de un Sprint. Tener la declaración de la misión actualizada puede ayudar a cualquier persona

41

a mantenerse en la tarea. Las regulaciones son realmente cruciales y se han establecido y monitoreado durante todo el procedimiento. Mantener las reglas ayuda a que todos sepan exactamente dónde están las cosas y qué debe hacer en caso de que una regla esté rota o incluso en cuestión.

El grupo debe recordar que el conflicto puede ser algo bueno y es totalmente natural. El conflicto puede incluso ser requerido para el desarrollo del grupo. Un miembro puede estar en desacuerdo con otro sobre cómo puede terminar un trabajo. Debido a que los 2 miembros no están de acuerdo, realmente pueden inventar un tercer método para completar dicha tarea, que es mucho más efectivo. El grupo debe recordar prestar atención el uno al otro.

Tener una persona para hablar sobre todo el mundo no tiene éxito y hará que el grupo se moleste o se moleste. En caso de que todos recuerden escuchar, y luego todos pueden sentir como en caso de que sean leídas por personas adicionales.

Es probable que las personas respondan mucho mejor y que acepten aún más las de los demás en caso de que se sientan como en el caso de que hayan tenido la oportunidad de ser escuchados. Cada sesión debe terminar con una crítica que sea más constructiva que un consejo fuerte. Es esencial elevarse mutuamente y ser útiles el uno con el otro, en lugar de rebajarse el uno al otro. Y también es esencial tener en cuenta que la crítica constructiva debe ser sobre el enfoque grupal y nada personal. Todos deben contribuir, así como realizar el trabajo.

Hacer que alguien haga todo el esfuerzo puede hacer que dicha persona se sienta resentida hacia todo el equipo. Y en el caso de que solo una persona realice el trabajo, es muy probable que el elemento no se complete con prontitud y que los plazos se retrasen. Lo mismo vale para un individuo sentado ahí afuera, mientras que la mayoría del equipo hace todo el esfuerzo. Esa persona va a recibir crédito por el trabajo que no ha hecho, y no es bueno para la mayoría del equipo.

## Scrum de escala

Scrum se creó por primera vez como una estrategia utilizada principalmente para trabajos de menor tamaño. Muchos pensaron que eso era todo, pero no lo sabían realmente en caso de que fuera fácil escalar Scrum, ya que nunca se había hecho antes. ¿Cómo puede Scrum ser escalable? Realmente es factible, a través de una cosa llamada Scrum of Scrum Meetings. Esto se habló de una pequeña cantidad en los capítulos anteriores, aunque este capítulo en particular va a profundizar un poco más en la forma en que realmente funcionan los Equipos Scrum. Los

Equipos Scrum suelen tener entre seis y diez miembros.

Sin embargo, si hay una necesidad para más de diez individuos, entonces se forman varios equipos. Esto es maravilloso para proyectos más grandes y también necesita comunicación abierta y sincronización entre todos los equipos. Cada grupo elige un representante, quien luego se reúne con todos los otros asociados. Se actualizan mutuamente sobre el progreso, los desafíos que se enfrentan actualmente y coordinan las actividades.

La frecuencia con la que se llevan a cabo las reuniones Scrum of Scrum depende del color de la tarea, de lo complicado que es el proyecto, de la dependencia entre equipos y de las sugerencias del cuerpo de guía de Scrum. Entonces, ¿cómo pueden funcionar las reuniones? Se sugiere que los equipos tengan interacción cara a cara entre ellos.

Sin embargo, eso no suele ser posible, porque muchas empresas tienen equipos diferentes que operan en diferentes zonas horarias y ubicaciones. Si esto sucede, se pueden utilizar las llamadas de videoconferencia y las redes sociales. Estas conferencias, consideradas como el Proceso de Scrum of Scrums de Convene, son operadas por Chief Scrum Master y también asisten al Jefe, son representantes de diferentes equipos, quienes generalmente son Scrum Master de los equipos específicos. Para los proyectos particularmente grandes, que involucran a numerosos equipos, tener varias conferencias puede ser esencial.

Ya que puede ser difícil lograr que todos colectivamente se encuentren exactamente en el mismo período, es esencial que las cosas importantes se revisen cada vez que se realicen las reuniones. Sin embargo, antes de que se realicen las conferencias, Chief Scrum Master anuncia la agenda, para que los equipos separados puedan considerar y considerar otros productos de los que se ha hablado. Y cualquier problema, modificación, así como los riesgos que tienen el potencial de impactar a los numerosos equipos deben plantearse y discutirse durante la conferencia. Incluso los desafíos a los que se enfrentan los equipos de personas también deben plantearse, ya que

44

generalmente existe la posibilidad de que afecte a varios equipos. El representante individual de cada grupo debe actualizar los otros equipos.

¿A qué hora está haciendo y, por lo tanto, es mejor cumplir con estas cuatro pautas: qué trabajo ha realizado mi equipo después de la conferencia final? ¿En qué trabajará mi equipo hasta otra reunión? ¿Hay algo que aún no está terminado que otros equipos hayan querido hacer? ¿Y en lo que estamos comprometidos podemos afectar a equipos adicionales? La regla más importante de Scrum of Scrum Meetings es garantizar que haya un control excepcional entre los distintos equipos de Scrum.

Hay muchas instancias de cosas que involucran dependencias entre equipos; lo que significa que la tarea de un solo equipo puede contar con la entrega de una tarea adicional por parte de un equipo diferente. Por lo tanto, es esencial que cada grupo esté abierto a la comunicación y que todos trabajen juntos. Llevar a cabo esto garantiza los mejores resultados sin problemas en el camino.

Each individual increment is examined before being deemed done, and that guarantees the item is made with quality at which certain period, rather than determining the quality at a later date. To summarize, an Agile Framework is a procedure which the developmental team is able to implement things happen. It is designed therefore all parties, like the buyer, can provide feedback as the project is now being designed. Doing this cuts out problems at a later time and causes it to be a lot more effective in the long haul. Even though the Agile Framework has a number of methods, the most common one is Scrum. Scrum is a kind of Agile Framework which has an extensive program, that provides managing and controlling incremental and iterative projects of various kinds.

It is helpful when there are a variety of kinds of projects and also can help complete each and every task in a timely way while ensuring the worth of the item does not alter. It's a good collaborative plus connective philosophy, that also allows each project to be finished in the very best way. In order for this being completed, you will find various roles in the Scrum process, and each individual should get their job seriously. In case one individual does not do their job properly, then the procedure will fail.

Again, Scrum is exactly about connectivity and team-work. Breaking it down even more, Scrum has 3 fundamental principles: Transparency Inspection, and Adaptation. It is almost all about seeing things just how they are and also making everyone that is sure understands what's taking place all the time. It is crucial that you be concise and clear and keep everyone informed. It may at times feel like you should be hiding an error, but which will make small things much worse in the long haul. It is crucial that you be transparent throughout the whole procedure.

Inspection ensures that there's a kind of accountability involved. Each Sprint requires a kind of inspection, so that things are proven to remain on track. Without it, the team

Might be working hard on a solution that could not be performing! And adaptation is likely just about the most important principles. Things change, that is precisely how it's in daily life and within the working world. It is essential for the Scrum Team to have the ability to adjust to each of the various changes the procedure will go through. The buyer may change the mind, the Scrum Team could improve just how they wish to finish a job, the Product Owner could make alterations on the Product Backlog.

Each product goes through a lot of changes throughout the procedure, and it is crucial to be adaptable. Overall, the item is going to fail to be created, and also the whole system will need to be reworked.

# ¿Por qué usar Scrum

Entonces, ¿para qué es realmente bueno Scrum? ¿Para qué se puede solicitar y para qué utilizarlo? ¿Cuál es el propósito y podría valer la pena usarlo? Hay muchos factores para hacer uso de Scrum y usarlo en su empresa es una buena idea. Consideremos el factor de competitividad. El mercado cambia cada vez más rápido, y solo aquellos que son contemporáneos y flexibles pueden continuar con él. Usando Scrum, una persona puede mantenerse competitiva y crear una ventaja distintiva para sí misma. Y también lo mejor de todo es que no es una metodología no probada.

Es un marco ágil exitoso que se ha mostrado una y otra vez en varios equipos y proyectos. Las universidades universitarias lo utilizan para proporcionar proyectos a los clientes.

Los militares dependen de Scrum para preparar los barcos para el despliegue. Incluso en el mundo del automóvil, un automóvil se ha construido utilizando Scrum. Y no cualquier automóvil; ¡Es rápido, seguro, eficiente, asequible y se debe vender por menos de 20,000! Scrum también permite la mejora de las funciones y brinda al cliente la posibilidad de mantenerse involucrado.

El cliente puede recibir versiones operativas durante todo el procedimiento, ver el progreso que se está realizando y también incluir nuevas ideas en caso de que sea necesario. Todo eso es crucial porque esperar pacientemente hasta la conclusión del proyecto para mostrar claramente que el comprador podría ser un gran error. Es posible que odien la versión más reciente y soliciten una revisión completa, lo que resulta ser un mal uso del dinero y el tiempo. Piénsalo de esta manera: en caso de que te cortes el pelo, ¿observarías el proceso de tu estilista o podrías cerrar los ojos tuyos hasta que todo termine?

A menos que te sorprenda y no te importe el resultado, obviamente tienes un reloj sobre lo que está haciendo el estilista. En caso de que comiencen a cortar el cabello tuyo demasiado rápido o incluso a que se muera de color cobarde, usted habla y hace que lo dejen y / o quizás lo retrabajen. ¡No deseas terminar con el terrible cabello que odias! Usando Scrum Agile

El marco es exactamente sobre la transparencia; Una visión distinta para los interesados. Además, proporciona educación para cada una de las partes interesadas, que ayuda específicamente a descubrir las debilidades y también hace que el trabajo en equipo sea más eficiente. Scrum permite a cada persona en el bucle durante una tarea, lo que significa que encontrará menos errores que se producen. La calidad también juega un gran componente en Scrum. La prueba es una cosa que ocurre en cada Sprint, que podría significar que ocurre con frecuencia; generalmente a diario!

Lograr esto asegura la calidad de cualquier artículo desde el principio y permite que los problemas se reconozcan y resuelvan de manera rápida y rápida. También puede ayudar con las tarifas, eso es algo que a cada empresa le gusta escuchar. Normalmente, cada proyecto tiene un período fijo, lo que significa que hay un costo definitivo involucrado que no será mayor. Si bien los pequeños detalles y el esfuerzo pueden cambiar el procedimiento, el precio siempre será exactamente el mismo porque el período de una tarea es definitivo.

Algo que realmente le gustaría al comprador de Scrum es que los cambios siempre son excelentes. Pueden probarse con el Propietario del producto en todo momento, quien luego continúa con ellos en la siguiente reunión de Sprint. El propietario del producto informa al equipo de Scrum, quien implementa los cambios tan pronto como el día siguiente. Hacer esto ayuda al comprador a recibir la mercancía que desea, y un cliente afortunado suele ser beneficioso para la empresa. Scrum también puede ayudar con técnicas de comunicación eficientes y creatividad. Involucra a cada persona dentro del proyecto y también necesita comunicación, respeto, colaboración y comprensión eficaces.

Un buen proyecto está hecho de lo que el comprador necesita y lo que el equipo desarrolla, y Scrum puede ayudar a hacer cumplir ambos. Cualquier persona en el Equipo Scrum se beneficia particularmente de la obtención de habilidades de comunicación. Desarrollan estas habilidades a lo largo de las etapas, y también al final de la tarea están listos para comunicarse correctamente. Esto puede ser usado tanto en la vida personal como en la profesional.

El desarrollo de sistemas que son proyectos complejos y extensamente largos puede ser desafiante y extremadamente frustrante. Por suerte, Scrum puede ayudar con la preparación real requerida para este tipo de tareas, que proporciona la integración de nuevas funcionalidades junto con un método innovador de pensar eso. El uso de Scrum ayudará a que las cosas funcionen bien y no permitirá una realización espantosa al concluir la tarea que una cosa ha salido mal.

Básicamente, simplifica el procedimiento y también lo hace mejor para cada persona involucrada. Una buena idea también es mencionar que usar Scrum es simplemente divertido. Es casi todo sobre el trabajo en equipo, el esfuerzo, así como la creación de opciones en conjunto. Puede ser divertido trabajar directamente en grupo; ¡te familiarizas con otros a nivel individual y puedes hacer nuevos amigos! Aparte de eso, es una manera maravillosa de utilizar su lado creativo, así como realmente ponerse en contacto para descubrir cosas nuevas. Usted está en posición de compartir todas las ideas nuevas y realmente se siente como si estuviera contribuyendo a algo muy especial.

Usar Scrum es aplicar la mejor parte del crecimiento del software, que es un ejercicio multifacético y creativo que realmente funciona mejor cuando todos están haciendo el intercambio. Además, hay muchos casos en los que Scrum puede ayudar a una empresa de maneras bastante únicas. A fin de cuentas, quizás su negocio esté bien y usted sienta que no necesita un cambio.

Sin embargo, piense en esto: las organizaciones que aplican Scrum experimentan modificaciones en la cultura de su organización. Están más orientados al equipo y ponen aún más calidad en los compradores mismos. ¿Preferiría beneficiar a una empresa que solo se preocupa por las ganancias, o tal vez trabajar para una cámara que se preocupa más por sus empleados?

Las empresas que usan equipos Scrum comienzan a ser de alto nivel y muestran resultados que son más altos que los equipos normales. ¿Qué hay del lado opuesto de los problemas?

En lugar de una compañía que lo está haciendo bien, digamos que hay una compañía que puede estar en problemas más profundos, aunque están preparados para seguir el sistema Scrum. Seguir una estructura innovadora sacude a la organización, y también proporciona una sociedad, un procedimiento y un ambiente de equipo diferentes, lo que permite a la empresa realmente tener problemas. La compañía cambia por completo y la gente quiere comenzar a trabajar allí. ¡El aspecto más crucial de este escenario en particular es el hecho de que la compañía está preparada para admitir que necesitan absolutamente la ayuda! A veces a las organizaciones no les encanta reconocer que hay cosas malas, que resultan en cosas que son malas para la compañía.

Con Scrum, pueden volver a ponerse de pie y volver a donde les gustaría estar. Otra forma en que Scrum puede ayudar a una empresa es cuando hay una pequeña empresa que tiene un estado de alto nivel, pero está luchando para mantener dicho nivel alto cuando también intentan crecer al mismo tiempo. Son capaces de aplicar rápidamente

Scrum en la organización, y sí, esto ayudará profundamente a equilibrar las cosas. Scrum es capaz de simplemente ayudar a la línea de vapor en su producción para que no estén tan abrumados con todo al mismo tiempo.

La organización te ayuda enormemente y hace que parezca que las cosas son más fáciles de lograr. No solo las empresas, sino también las empresas, se benefician de la utilización de Scrum; ¡Cualquiera que tenga un proyecto complejo puede aplicarlo! Podría ser alguien que se esté enfocando en una nueva aplicación para teléfonos inteligentes, alguien que esté supervisando un minorista o tal vez un evento de caridad.

Scrum es una buena manera de establecer prioridades para hacer listas en cosas que de hecho serían manejables, ayudan a mejorar el trabajo en equipo, mejoran las habilidades de comunicación y también crean resultados más rápidos. Al trabajar con Scrum, una persona se volverá más ágil, entenderá la forma de responder más rápido y las formas de reaccionar mejor ante las modificaciones que inevitablemente se presentarán. Casi todo lo que requiere es el poder de mantenerse enfocado, la capacidad de colaborar con los demás y la capacidad de hablar correctamente.

Hacer todos estos elementos le permite a una persona lograr lo que tiene que hacer de una manera que sea útil para todos.

En caso de que ninguno de los factores mencionados arriba lo haya convencido, a continuación se presentan siete factores únicos para utilizar Scrum: Implementación perfecta: la capa tiene un conjunto determinante de roles, artefactos, actividades y políticas. ¡Usando todos juntos, usted encuentra la capacidad de llevar a cabo sus ideas de una manera que parece casi perfecta! Mientras se implementen todas y cada una de las reglas y roles, el proyecto se convertirá en un proceso optimizado e impresionante.

## Fácil de usar

Scrum es realmente fácil de usar y puede introducirse en una empresa con poca molestia. Aunque encontrará diferentes regulaciones y varios roles para tener en cuenta, un individuo en particular no está asumiendo todo ese trabajo. Se distribuye por igual en todo el grupo, ¡y eso hace que su trabajo sea bastante simple! Flexibilidad Scrum es una práctica adaptable. A menudo, normalmente no comienza con toda la información y la recopila en el proceso, por lo que Scrum es realmente bueno. Las modificaciones se crearán durante el siguiente Sprint y se implementarán en el sistema. Reduce el Riesgo Scrum reduce el riesgo del proyecto al construir en incrementos. Al hacerlo, se reduce el precio de desarrollo, por lo que se reduce el peligro de aguantar.

## Optimizar la eficiencia del equipo

Scrum es sobre un grupo que trabaja en conjunto y hace todo.

Al usar las etapas y resoluciones apropiadas, el Scrum

El equipo llega a ser una fuerza imparable capaz de hacer una variedad de conceptos. El consumidor podría usar el artículo antes de su lanzamiento. Al final de cada conferencia de Sprint, se completa una Revisión de Sprint. aquí es donde el comprador se presenta a nuevas

55

características y nuevos cambios dentro del producto. Este componente particular del proyecto es funcional para el comprador, por lo que pueden examinar el esfuerzo y también probarlo. Hacer esto puede ayudar a reducir el trabajo que debe realizarse al final de la tarea y también garantiza el control de calidad.

Mejora continua Cuando se completa una tarea, ocurre la reunión retrospectiva de Sprint. Ahí es cuando el Equipo Scrum se reúne y también habla de prácticamente cualquier crítica constructiva o tal vez las preocupaciones que puedan haber ocurrido durante la línea de tiempo de la tarea. Al determinar los problemas en este segundo en particular, pueden detener cualquier versión futura de la misma naturaleza para que nunca más vuelva a ocurrir.

# Cómo medir el éxito
# de un proyecto Scrum

———————•◆•———————

Métricas visuales uno de los valores fundamentales más importantes en Scrum. Esto se debe al gran énfasis de Scrum en mejorar continuamente la eficiencia y la eficacia del equipo en cada iteración del trabajo. Las gráficas presentan un mecanismo visual para que los equipos se aseguren de que sigan mejorando. Cuando el equipo puede ver los datos, es más fácil identificar cuellos de botella al mismo tiempo (y eliminarlos). Dos informes típicos que utilizan los equipos Scrum son el flujo acumulativo y los diagramas de los gráficos de control.

Un diagrama de flujo acumulativo muestra la cantidad de problemas en cada. El equipo podría detectar bloqueos al ver la cantidad de problemas en un punto. Los problemas en estados intermedios como "En revisión" o "En curso" no se informan a los clientes. Este diagrama ayuda a las personas a comprender dónde están los problemas y los cuellos de botella.

La integración continua está creando de inmediato y luego probar bits de código una y otra vez en un día es crucial para mantener la calidad.

Esto permite una entrega casi constante (CD). CD podría ser el proceso de liberación de trabajo a los clientes con frecuencia.

Esto podría significar sobre una base diaria, a veces incluso por hora. CD y Scrum se complementan maravillosamente porque ambos métodos se centran en el valor del contacto con el cliente con actualizaciones continuas.

Cuanto más rápido pueda un equipo enviar el desarrollo al mercado, más competitivo será el producto. Y los equipos se centran en ofrecer información y productos de calidad a los clientes.

## Scrum Vs Otras Metodologías Principales

Kanban es un marco favorito utilizado para implementar el desarrollo de software ágil. Al igual que Scrum, requiere comunicación en tiempo real. Los procesos de trabajo se representan visualmente en un tablero, lo que permite al equipo observar el estado de cada elemento de trabajo en cualquier momento.

Kanban es un equipo moderno de software ágil extremadamente prominente, aunque la metodología de trabajo de Kanban lleva más de cincuenta años. A fines de la década de 1940, Toyota comenzó a optimizar sus procesos de ingeniería dependiendo exactamente del mismo diseño que las tiendas de comestibles han estado utilizando para almacenar los estantes. Los supermercados almacenan solo la mercancía suficiente para satisfacer la demanda de los clientes, un método que optimiza el flujo entre el consumidor y el supermercado. Dado que los niveles de inventario cumplen con los patrones de uso, la tienda de comestibles obtiene una eficiencia considerable en el control de inventario al reducir la cantidad de existencias excedentes que puede mantener en cualquier momento. Mientras tanto, la tienda de comestibles puede usar Kanban para asegurarse de que el producto que un cliente necesita esté constantemente en stock.

Cuando Toyota instaló el mismo sistema en sus pisos de fábrica, quisieron alinear mejor los niveles de inventario masivo con el uso real de los materiales. Para comunicar los niveles de volumen en tiempo real en la fábrica (y a los proveedores), los trabajadores gastarían "Kanban", o una tarjeta, entre equipos.

Cuando se vació un contenedor de sustancias que se estaban utilizando en la línea de producción, se transfirió un Kanban a la fábrica que describe qué sustancia se necesitaba, el nivel real de este contenido, etc. El almacén tendría un contenedor innovador en espera para este material, que luego publicarían en el piso de la fábrica y, en consecuencia, enviarían su Kanban personal al proveedor.

Kanban para los equipos de desarrollo de equipos de software en estos días está en posición de controlar estos mismos principios JIT al hacer coincidir la cantidad de trabajo en progreso (WIP) en la junta del equipo. Esto brinda a los equipos opciones de planificación más adecuadas, un enfoque más claro, un rendimiento más rápido y una transparencia a través de todo el ciclo de desarrollo.

Si bien los conceptos centrales del marco son aplicables y atemporales para casi todas las empresas, los equipos de desarrollo de software han descubierto resultados específicos con los métodos ágiles. En parte porque los equipos de software pueden comenzar a entrenar con poca o ninguna sobrecarga una vez que entienden los conceptos fundamentales.

## Tableros kanban

El trabajo de todos los equipos Kanban involucra un tablero Kanban, algo que se utiliza para representar los objetivos del equipo y también para mejorar la forma en que fluye el equipo. Los tableros físicos son comunes entre varios equipos, los tableros virtuales son una característica importante en cualquier aplicación de desarrollo de software ágil para la accesibilidad, la colaboración más fácil y su trazabilidad desde varios lugares. No importa si el tablero de un equipo es digital o físico, su propósito se asegurará de que el trabajo del equipo se pueda visualizar y estandarizar fácilmente, y la mayoría de los problemas se pueden identificar y resolver rápidamente. Una placa

Kanban estándar presenta un proceso de tres pasos para hacer, en progreso y listo. Se basa en los objetivos, el tamaño y la estructura de un equipo, así como en el flujo de trabajo que el equipo ha creado.

La metodología Kanban se basa en la transparencia total de la comunicación en tiempo real y el trabajo de capacidad, por lo tanto, la junta Kanban realmente debe considerarse como la única fuente de verdad para el trabajo del equipo.

## Tablero de Kanban ágil

Tarjetas Kanban En japonés, Kanban se traduce literalmente como "señal visual". Para los equipos Kanban, cada producto de esfuerzo único se representa como su propia tarjeta.

El objetivo principal de las tarjetas en un tablero Kanban es que una tarjeta en el tablero Kanban le permita al equipo observar la mejora en el flujo de trabajo de una manera muy visible. Las tarjetas Kanban incluyen información que es crítica sobre ese producto de trabajo específico, que proporciona a todo el equipo una visibilidad completa de quién es responsable de ese producto de trabajo, una breve explicación de la tarea que se está realizando, cuánto tiempo se cree que tomará ese trabajo. pronto. Tarjetas en tableros Kanban virtuales

A menudo se incluyen capturas de pantalla junto con otros detalles técnicos, lo cual es invaluable para el cesionario. El hecho de que el equipo pueda observar el estado de cualquier cosa de trabajo en cualquier momento, además de cada uno de los detalles conectados, garantiza un mayor enfoque, una trazabilidad completa y una rápida identificación de dependencias y bloqueadores.

## Las ventajas de Kanban

Kanban es una de las metodologías de desarrollo de aplicaciones más utilizadas por los equipos ágiles en la actualidad. Kanban ofrece muchas ventajas adicionales para el rendimiento y la planificación de tareas para equipos de tamaños.

## Flexibilidad de planificación

Un equipo se enfoca solo en el trabajo actual. Después de que el equipo completa un producto de trabajo, arrancan el siguiente elemento de trabajo del techo del trabajo acumulado. El propietario del producto no cuesta nada volver a priorizar el trabajo dentro de la cartera sin interrumpir al equipo, ya que cualquier ajuste fuera de los productos de trabajo actuales no influye en el equipo. Mientras el propietario del producto mantenga los productos de trabajo más importantes además de la acumulación, el equipo de desarrollo está seguro de que están devolviendo el máximo valor a la empresa. Así que no hay demanda para las iteraciones de longitud fija que obtienes en el scrum. El período del ciclo es una métrica crítica que es tan importante en Kanban. El período del ciclo sería el tiempo necesario para que una tarea pase por el flujo de trabajo del equipo desde el minuto en que comienza el trabajo hasta el segundo en que se envía. Si optimiza su ciclo, puede pronosticar con confianza la entrega de trabajos futuros.

La superposición de conjuntos de habilidades da como resultado tiempos de ciclo reducidos. Cuando solo un hombre o una mujer tiene un conjunto de habilidades, ese individuo se convierte en un cuello de botella dentro del flujo de trabajo. Así que los equipos emplean las mejores prácticas básicas como ayuda de mentores y revisión de códigos para difundir la comprensión. Las habilidades compartidas implican que el equipo puede realizar un trabajo heterogéneo, lo que optimiza más el tiempo del ciclo. Además, esto significaría que, en caso de que haya una copia de seguridad del trabajo, todo el equipo podría ocuparse de él para lograr que el procedimiento se mueva fácilmente una vez más. Por ejemplo, las pruebas no solo las realizan los ingenieros de control de calidad. Los desarrolladores lanzan, también.

En un marco Kanban, es deber de todo el equipo asegurarse de que el trabajo se esté moviendo de manera eficiente a lo largo del proceso de meditación.

## Menos cuellos de botella: la multitarea mata la eficiencia

Cuanto mayor sea el trabajo en vuelo en cualquier momento, mayor será el cambio de contexto, y eso dificulta el camino hacia la conclusión. Esa es la razón por la que un inquilino importante de Kanban está limitando la cantidad de trabajo que debe realizarse activamente. Esto es excelente para eliminar cuellos de botella en el procedimiento de un equipo debido a que no hay suficiente concentración, individuos o quizás conjuntos de habilidades.

Por ejemplo, un equipo de software regular puede tener 4 estados de flujo de trabajo: Para llevar a cabo, Revisión de código, En curso y Hecho. Podrían decidir establecer un límite de WIP de dos con el estado de revisión de código. Esto puede parecer un límite bajo, pero hay una gran razón detrás de esto: a los desarrolladores generalmente les gusta escribir un código completamente nuevo, en lugar de invertir tiempo revisando el trabajo de otra persona.

Un máximo mínimo realmente alienta al equipo para que preste especial atención a los problemas en el estado de revisión de zapatos, y también para analizar el trabajo de Otros antes de aumentar sus propias revisiones de código. Esto inevitablemente reduce el tiempo del ciclo general.

Kanban y scrum comparten varias de las mismas ideas pero tienen métodos muy diferentes. No deberían ser identificados erróneamente el uno con el otro.

## Flujo constante

Los equipos generalmente deben intentar ajustar y alterar los entregables sobre la marcha durante el propio sprint. Hacer eso compromete el aprendizaje alrededor de la estimación. El cambio se produce en cada etapa.

Algunos equipos ajustan los ideales de scrum y Kanban en "scrumban". Reunieron los sprints y las funciones de scrum y también el énfasis en los límites de trabajo en progreso y también el tiempo de ciclo de Kanban. No obstante, para equipos en las etapas iniciales con ágil, sugerimos encarecidamente elegir una metodología y ejecutarla durante algún tiempo. Podrás ir con modelos híbridos en el futuro.

# Scrum vs el método de cascada

El diseño de la cascada se enfoca en que se tome una progresión lógica de las medidas a lo largo del ciclo de vida del desarrollo del programa (SDLC), muy parecido a la caída en cascada de una cascada incremental. Si bien la aceptación del modelo de cascada ha disminuido en el pasado reciente a favor de metodologías más ágiles, no se puede negar la dinámica racional del procedimiento secuencial aplicado al método de cascada.

## Las 6 etapas del método de la cascada

En realidad, emplear un tipo de cascada dentro de un programa o proyecto completamente nuevo es un procedimiento muy simple, en gran parte gracias a la dinámica paso a paso del proceso en sí. Pero hay pequeñas variaciones en las figuras y también explicaciones de los pasos involucrados en un método de cascada, basado en el creador que pides. No importa, las ideas son todas similares y abarcan la amplia gama de lo que realmente se necesita para comenzar con un concepto y desarrollar un programa en vivo a gran escala.

Requisitos: Durante esta primera etapa, las demandas probables del software se analizan metódicamente y en papel en un documento de especificaciones que puede servir de base para todo desarrollo futuro. La conclusión es generalmente un documento de requisitos que describe lo que el programa debe hacer, pero no la forma en que realmente debería hacerlo.

Análisis: Durante esta segunda etapa, el método se examina para poder crear correctamente los diseños y la lógica empresarial que se utilizará en la aplicación.

Aspecto: esta etapa cubre principalmente los requisitos de diseño técnico, como el lenguaje de programación, los servicios, las capas de datos y más. En general, se producirá una especificación de diseño que describa exactamente cómo se implementará tecnológicamente la lógica de la compañía cubierta en el análisis.

Codificación: el código fuente particular se compone finalmente en esta cuarta fase, aplicando todos los modelos, la lógica empresarial y las integraciones de servicios que se especificaron en las etapas anteriores.

Pruebas: durante este punto, los probadores beta, el control de calidad y otros probadores descubren e informan sistemáticamente los problemas dentro del programa de aplicación que se han resuelto. No es inusual que esta etapa en particular desencadene una repetición esencial de la etapa de codificación anterior, como una forma de que los errores revelados se aplasten correctamente.

Operaciones: Finalmente, el software está preparado para su implementación en un entorno vivo. La etapa de operaciones requiere no solo la implementación del programa de la aplicación, sino también el siguiente soporte y mantenimiento que se espera que ayude a mantenerlo actualizado y funcional.

## Los beneficios del modelo de cascada

Si bien el diseño de la cascada ha experimentado una seria disminución en el pasado reciente a favor de técnicas más ágiles, aún puede proporcionar una variedad de beneficios, especialmente para organizaciones y proyectos más grandes que exigen etapas estrictas; Fechas de entrega ofrecidas dentro de estas aguas más frías y en cascada.

Se adapta a los equipos de cambio: esto es especialmente adecuado para equipos más grandes que podrían tener diferentes personas

67

disponibles a lo largo del ciclo de vida de la tarea. El método de cascada es ideal para los equipos que tendrán cambios, pero deben seguir adelante.

Organización estructurada de las fuerzas: si bien algunos podrían argumentar que esto es una preocupación en lugar de un beneficio, lo cierto es que el diseño en cascada causa la tarea, así como el grupo que completa dicha tarea, siendo extraordinariamente autodisciplinado en su estructura y diseño. La mayoría de los proyectos grandes incluirán, por necesidad, requisitos detallados para controlar cada elemento del proyecto, desde el desarrollo y diseño hasta la implementación y las pruebas.

Permite cambios tempranos de diseño: si bien podría ser difícil realizar cambios de diseño más adelante en el proceso, el enfoque de cascada se presta extremadamente bien para modificaciones al inicio del ciclo de vida. esto es fantástico cuando presenta los archivos de especificación en las primeras fases con el equipo de desarrollo y los clientes, ya que las modificaciones se realizan de manera rápida y con poco trabajo, ya que hasta ese momento no se ha implementado ni codificado.

Adecuado para el desarrollo enfocado en hitos: Debido al marco lineal inherente de un proyecto de cascada, tales programas generalmente son adecuados para negocios o quizás equipos que trabajan bajo una fecha y proyectos centrados en hitos.

Con etapas claras, concretas y bien comprendidas para que todos en el equipo puedan reconocer y cocinar, es razonablemente fácil obtener una línea de tiempo para todo el proceso y delegar algunos hitos y marcadores para cada fase, así como también para completarlos. Esto no quiere decir que el desarrollo de aplicaciones no suele estar repleto de retrasos, sino que la cascada es adecuada para el tipo de tarea que necesita plazos.

## Las desventajas del modelo de cascada

Mientras que algunos elementos en el desarrollo de software nunca cambian realmente, la mayoría de los otros a menudo se quedan en el camino. Mientras que el Dr.

La primera propuesta de Royce de lo que actualmente se reconoce como el diseño de cascada fue innovadora cuando se publicó por primera vez en 1970, pero en los muchos años transcurridos desde entonces, se han descubierto algunas desventajas para los equipos que utilizan este modelo.

Restricciones de diseño no adaptativo: si bien podría decirse que podría escribir una guía completa sobre este tema en particular, la faceta más condenatoria del diseño en cascada es su inherente falta de adaptabilidad en todas las fases del ciclo de vida del desarrollo. Cuando un examen en la etapa 5 revela una falla fundamental en el estilo del método, no solo da un salto notable hacia atrás en las fases del procedimiento, sino que en varios casos, generalmente puede resultar en una realización devastadora sobre la autenticidad de todo el programa Si bien la mayoría de los desarrolladores y equipos experimentados argumentarían que tales revelaciones no deberían suceder en caso de que el dispositivo se haya creado correctamente en el primer lugar, realmente no se puede explicar todo, especialmente cuando las etapas se posponen con frecuencia hasta la conclusión del proceso de meditación. .

Ignora la retroalimentación del usuario / cliente de proceso medio: debido a la práctica estricta paso a paso que impone el modelo de cascada, otro problema especialmente difícil es que el usuario o quizás las respuestas de los clientes que se ofrecen al final del ciclo de desarrollo pueden ser demasiado pequeñas. , demasiado tarde. Si bien los gerentes de proyectos obviamente pueden imponer un procedimiento para pasar a una etapa previa como resultado de un cambio imprevisto o un requisito proveniente de un prospecto, será un proceso costoso y costoso, tanto para el grupo de desarrollo como para el cliente. .

Período de prueba demorado: si bien muchos de los modelos SDLC más contemporáneos se esfuerzan por incorporar la evaluación como un proceso siempre presente y fundamental a lo largo del desarrollo, el modelo de cascada en gran medida se aleja de las pruebas hasta muy tarde en el ciclo de vida. Esto no solo significa que la mayoría de los insectos o quizás los problemas de diseño no se determinarán hasta muy tarde en el proceso, aunque además, fomenta prácticas de codificación poco seguras porque las pruebas son solo una idea de último momento.

A pesar de comenzar una fase de prueba explícita durante la implementación de un proyecto modelo de cascada, como se mencionó anteriormente, esta evaluación en particular generalmente no es suficiente, demasiado tarde. Junto con la etapa de evaluación estándar, usted y su equipo deberán contemplar realmente la introducción de una buena aplicación de gestión de errores en el ciclo de vida de desarrollo del proyecto suyo. El software de monitoreo de errores de Airbrake ofrece monitoreo de errores en tiempo real junto con un informe automático de excepciones para todos los proyectos de desarrollo en los que trabaja su equipo.

# Scrum vs. Programación Extrema (XP)

Si bien no puede hacer uso de todo el marco XP en situaciones que son muchas, lo que no debería impedirle utilizar tantos métodos como sea posible, dado el contexto del suyo.

Los valores de XP son comunicación, valor, retroalimentación, simplicidad y valor, y se discuten en mucha más información a continuación.

La comunicación debe ser la previsión sobre el desarrollo de software que depende de la comunicación. Necesitan esa comunicación para asegurarse de que todo el equipo esté en la misma página. Esta comunicación debe ser cara a cara si es posible para facilitar la mejor comunicación posible.

## Sencillez

La simplicidad significa ¿cuál es el punto más fácil que va a funcionar? El objetivo de esto es evitar el desperdicio y hacer solo elementos esenciales, como mantener el estilo del dispositivo tan fácil como sea posible, por lo que es mucho más fácil de mantener y brindar asistencia en el futuro.

## Valor

Necesita valor para resolver los problemas de la organización que reducen la eficacia de su equipo. Necesita valor para dejar de hacer algo que no funciona y probar algo diferente. Necesita valor para reconocer y actuar sobre las respuestas, incluso cuando es difícil de reconocer.

## El respeto

Las personas de su equipo tienen que valorarse mutuamente para hablar entre sí, proporcionar y también aceptar comentarios que honren la relación de los suyos, y trabajar en concierto para determinar soluciones y diseños básicos.

## Practicas

El centro de XP es el conjunto interconectado de métodos de desarrollo de software que se mencionan a continuación. Si bien es factible realizar estos métodos de forma aislada, numerosos equipos han descubierto varias prácticas que refuerzan las demás y deben realizarse conjuntamente para deshacerse por completo de las posibilidades que normalmente se presentan en el desarrollo de software.

Estos métodos son del uso en vivo de la programación extrema.

### *Permanecer juntos*

Debido a que la interacción es uno de los 5 valores de XP, así como casi todas las personas están de acuerdo en que la discusión cara a cara es el mejor tipo de interacción, haga que su equipo se siente en un área similar sin barreras para la comunicación, como las paredes de cubículos.

### *Equipo completo*

Un equipo debe tener elementos funcionales cruzados. Esto incluye a personas con una necesidad, además de todas las personas que participan en un equipo. Los equipos que requieren que todos trabajen juntos de manera regular para completar un resultado específico.

### *Espacio de trabajo útil*

Configure la sala de su equipo para facilitar la interacción cara a cara, permitiendo que su equipo tenga algo de privacidad cuando lo desee, y también cree el trabajo en el equipo de manera transparente entre sí y también a las personas interesadas fuera del equipo.

Utilice los radiadores de información para comunicar activamente la información que está actualizada.

## *Trabajo revivido*

Eres más efectivo en todo el trabajo de conocimiento y desarrollo de software cuando estás enfocado y sin distracciones.

El trabajo energizado significa tomar medidas para garantizar que puedas entrar mentalmente y físicamente en un estado enfocado. Lo que esto significa es no trabajar demasiado (o permitir que otros trabajen demasiado). Además, significa mantenerse saludable, junto con mostrar respeto a los compañeros de equipo para ayudarlos a mantenerse saludables.

## *Programación en pareja*

Los medios de programación de pares a lo largo del programa de producción son creados por 2 personas sentadas en el mismo dispositivo. El concepto detrás de este ejercicio es que 2 cerebros y 4 ojos son mejores que un solo cerebro y 2 ojos. Usted obtiene de manera eficiente una revisión de código coherente y también una respuesta más rápida a los problemas molestos que podrían evitar que alguien muerto en las pistas.

Los equipos que utilizan la programación en pares han descubierto que obtiene una mejor calidad y realmente no demora dos veces más, ya que son capaces de resolver los problemas más rápidamente y se centran mucho más en el trabajo en cuestión, por lo que producen menos código para completar exactamente lo mismo cosa.

## Cuentos

Explique qué debe hacer el sistema en términos significativos para los usuarios y clientes. Se supone que estas cuentas son breves descripciones de las cosas que los usuarios desean poder hacer junto con el elemento que se puede utilizar para la preparación y funcionan como recordatorios para conversaciones mucho más detalladas si el equipo trata de reconocer esa historia específica.

## Ciclo semanal

El ciclo semanal está asociado a una iteración. En la situación de XP, el equipo se reúne el primer día de la semana para concentrarse en el progreso hasta el momento, el comprador elige las historias que desea enviar esa semana, por lo que el equipo decide cómo van a abordarlas. cuentos. El objetivo al final de la semana es tener funciones probadas que reconozcan las historias seleccionadas.

La intención del período de entrega en caja de tiempo está produciendo una cosa que muestra al comprador para su retroalimentación.

## Ciclo trimestral

El Ciclo Trimestral está asociado a un lanzamiento. El objetivo es mantener el trabajo integral de casi todos los ciclos semanales en el contexto de la tarea general. El comprador establece la estrategia general del grupo con respecto a las características deseadas dentro de un trimestre específico, que proporciona al grupo una vista del bosque mientras están en los bosques, y además, le permite al comprador utilizar a otros interesados que podría necesitar una pequeña noción de cuándo se ofrecerán las características.

Tenga en cuenta que al considerar un ciclo trimestral, la información sobre una historia específica se encuentra en un nivel un tanto alto, la compra de la entrega de historias dentro de un Ciclo Trimestral puede alterarse, así como las historias agrupadas en el Ciclo Trimestral pueden cambiar. En caso de que sea competente para volver a visitar el plan cada semana después de cada ciclo semanal, podrá mantener a todos informados cuando esos cambios comiencen a ser evidentes para preservar las sorpresas al mínimo.

## *Flojo*

El concepto detrás de la holgura en términos de XP es agregar varias historias o tareas de prioridad reducida en sus ciclos trimestrales y semanales que podrían eliminarse en caso de que el equipo se atrase en cosas cruciales o tal vez historias. Dicho de otra manera, tenga en cuenta la variabilidad inherente en las estimaciones para asegurarse de que tiene una gran posibilidad de cumplir con los pronósticos prescritos.

Construcción de diez minutos

El objetivo de la construcción de diez minutos sería crear inmediatamente el programa completo y ejecutar las pruebas en 10 minutos. los

Los fundadores de XP decidieron un marco de tiempo de diez minutos porque un equipo puede identificar problemas más fácilmente y ser productivo. Alentará a un equipo a automatizar su proceso de creación, por lo que es mucho más apto para hacerlo regularmente y también para hacer uso de las construcciones automatizadas de recorridos. Ayuda a apoyar el proceso de

Integración continua y está respaldado a través de la práctica de Test First Development.

### *Integración constante*

La integración continua es un método donde los cambios de código se prueban instantáneamente cuando se agregan a una base de código mucho más grande. El beneficio de este ejercicio es que puede detectar y solucionar problemas de integración antes. La mayoría de los equipos odian el paso de integración de código debido al descubrimiento inherente de disputas y problemas que vienen. La mayoría de los equipos toman la técnica En caso de que te duela, aléjate de ella tanto como puedas. Los practicantes de XP afirman que, en caso de que le duela, háganlo con mucha más frecuencia.

La razón detrás de esa estrategia es el hecho de que, en caso de que experimente problemas cada vez que integre el código, lo que requiere algo de tiempo para ubicar los problemas, tal vez deba incorporar más frecuentemente, por lo tanto, en caso de que encuentre dificultades, son mucho más fáciles. para obtener ya que encontrará menos cambios incorporados en la construcción.

Al igual que con la integración continua, Test First Programming reduce el ciclo de retroalimentación para que los desarrolladores determinen y resuelvan problemas, lo que reduce la cantidad de insectos molestos que se introducen en la producción.

### Diseño incremental

El diseño incremental implica que al principio solo está realizando una pequeña parte del trabajo para reconocer la amplitud correcta del punto de vista del diseño del dispositivo y luego profundizar en los aspectos específicos de una faceta específica de ese diseño si proporciona características particulares. Este enfoque reduce el costo de los cambios y le permite tomar decisiones de diseño cuando sea necesario de acuerdo con la información más reciente disponible.

El proceso de Refactorización se incluyó inicialmente entre los doce núcleos, pero se integró en la técnica de Diseño Incremental. La refactorización es un proceso excelente que se debe utilizar para mantener siempre el aspecto simple, y probablemente el uso más recomendado de la refactorización es eliminar la duplicación de procesos.

## Roles

Aunque la Programación Extrema especifica métodos particulares para que los siga su equipo, en realidad no crea roles específicos para las personas de su equipo.

Según la fuente por la que navega, posiblemente no haya ayuda, o tal vez haya una descripción de cómo se comportan normalmente los roles en los proyectos habituales en los proyectos de Programación Extrema. Los roles relacionados con la programación extrema son los siguientes.

### *Cliente*

La función del cliente es responsable de tomar las decisiones comerciales sobre el proyecto, que incluyen:

- ¿Qué debe hacer el sistema?

- ¿Cómo podemos entender una vez que se completa el método?

- ¿Exactamente cuánto debemos invertir?

- ¿Qué debemos hacer siguiendo?

Se anticipa que el cliente de XP estará muy involucrado en la tarea a diario, y es una parte integral del equipo.

El cliente XP es una persona, idealmente. Sin embargo, esto no sucede, sin embargo, que alguien no puede proporcionar adecuadamente la información relacionada con la empresa relacionada con un proyecto. Su equipo debe asegurarse de que obtiene una imagen total del punto de vista empresarial, pero tiene una serie de formas de combatir los conflictos en esa información, por lo que puede obtener una dirección clara.

### El desarrollador

Dado que XP no tiene necesidad, eso significa mucho para la función, todos los integrantes del equipo están etiquetados como desarrolladores. Los desarrolladores son responsables de realizar las historias que muestran al cliente. Dado que muchas tareas diferentes necesitan una combinación diversa de habilidades, y también debido a que la estrategia de XP depende de un equipo multifuncional si la combinación correcta de habilidades, los creadores de XP no sintieron la necesidad de una mayor definición de roles.

### El rastreador

Varios equipos pueden tener un rastreador como parte de su equipo. Esto suele estar entre los diseñadores que pasan parte del tiempo cada semana cumpliendo este rol adicional. La razón principal para este trabajo en particular es mantener el monitoreo de las métricas pertinentes por lo que el equipo parece esencial para monitorear el progreso y también para reconocer áreas de mejora. Las métricas importantes que el equipo tuyo podría rastrear incluyen la velocidad, las razones de las alteraciones de la velocidad, la cantidad de horas extra trabajadas y las pruebas de aprobación y fracaso.

Este no es un trabajo obligatorio para el equipo y, por lo general, solo se establece en caso de que su equipo determine una necesidad genuina de vigilar varias métricas.

### El entrenador

En caso de que el equipo esté comenzando a aplicar XP, puede resultarle útil agregar un entrenador en su equipo. Normalmente, este es un consultor externo con experiencia de otra parte de su organización que ha usado XP antes y está incluido en su equipo para ayudar a entrenar a otro equipo en las Prácticas de XP y también para ayudar a su equipo a mantener su autodisciplina. El principal valor del mentor es que ya lo han superado y podría ayudar a su equipo a evitar errores que la mayoría de los nuevos equipos cometen.

Ahora hablemos de los ciclos que incluyen el Ciclo semanal y el Ciclo trimestral.

Para comenzar, comience describiendo los resultados deseados de la tarea si tiene clientes que determinen un conjunto de historias. A medida que se producen, el equipo adivina el tamaño de cada historia. Intentan estimar correctamente incluir el beneficio de las realidades. El comprador calcula que puede dar una señal de valor relativo que el consumidor puede utilizar para establecer la prioridad de las historias.

El equipo tendrá varias historias que no podrán calcular, ya que no se dan cuenta de la mayoría de las complejas consideraciones involucradas. Tenga en cuenta que los picos son una tarea simple que un equipo puede hacer para encontrar la respuesta a una pregunta o problema. No es necesaria una tarea que conduzca a un producto que se pueda enviar a un cliente. Es más con fines informativos.

Luego, todo el equipo se reúne para crear un plan de liberación que cada persona considera razonable. Esta estrategia de lanzamiento es un primer paso para ver las cuentas que se enviarán en un trimestre específico y el lanzamiento. Las historias entregadas deben basarse en el valor que ofrecen y las consideraciones sobre cómo las diferentes historias se apoyan entre sí.

Luego, el equipo se lanza directamente a una serie de ciclos semanales. Al comienzo de cada ciclo semanal, el equipo (incluido el cliente) se reúne para determinar qué historias se reconocen durante esa semana. Luego, el equipo divide esas cuentas en deberes para terminar dentro de esa semana. Al final de la semana, el equipo y el cliente revisan el progreso hasta el momento y el comprador puede determinar si la tarea debe continuar, o incluso en caso de que se haya enviado el valor adecuado.

### *Orígenes*

XP fue utilizado principalmente en el Chrysler Integral

El sistema de compensación (C3) que se había establecido a mediados de los 90 y se cambió a un proyecto de XP cuando Kent Beck se incorporó al proyecto para mejorar la funcionalidad del producto. Terminó adjuntando a algunas otras personas, con el equipo y transformando la manera en que el equipo se acercó al desarrollo. Esta empresa ayudó a enfocar la metodología de XP y también los 7 libros escritos por personas que habían estado en el proyecto realmente ayudaron a difundir información y adaptación de este método.

### *Contribuciones principales*

La principal contribución de XP a la comunidad de desarrollo de software es un grupo interdependiente de ingenieros cuyos equipos pueden solicitar un código de mejor calidad. Muchos equipos desarrollan un movimiento fácil. Comience por utilizar un marco único y, cuando reconocen la demanda de prácticas de ingeniería mucho más disciplinadas, se adhieren a muchas, si no a todas, las prácticas de ingeniería expuestas por XP.

Otra cosa que es tan importante para XP sería el énfasis en la excelencia en la capacitación. La técnica prescribe algunos de los métodos realmente importantes y también alienta a los equipos a hacer esas prácticas lo mejor que puedan, todo el tiempo. Aquí es exactamente de donde viene el nombre. No porque los métodos siempre sean extremos, porque su identificación y pronóstico aumentan constantemente la capacidad de hacer esas prácticas.

# Scrum vs el modelo iterativo

El elemento iterativo es una implementación específica de un ciclo de vida de desarrollo de software (SDLC, por sus siglas en inglés) que se concentra en una implementación preliminar y simplificada, y luego obtiene una complejidad adicional adicional y una característica más amplia lista hasta que se realiza el último método. Cuando se habla de la técnica iterativa, la idea de desarrollo incremental generalmente se usará de manera intercambiable y generosa, que detalla los cambios incrementales realizados durante el estilo y la implementación de cada nueva iteración.

## Implementaciones y originación.

Si bien las versiones de desarrollo ágil, como por ejemplo el diseño iterativo, se han convertido en una evolución generalmente aceptada con respecto al método estándar de cascada, parece que las técnicas iterativas se han utilizado en tareas tan pronto como en la década de 1950.

Durante esta fase particular, la Fuerza Aérea y la NASA trabajaron en concierto para cultivar el avión hipersónico X 15, utilizando un proceso de diseño en gran parte iterativo en todo momento. Si bien esto no era un proyecto de desarrollo de software, los logros del método llevaron a la NASA a utilizar un elemento iterativo del desarrollo del programa del Proyecto Mercury, que había sido el primer vuelo espacial tripulado de los Estados Unidos.

En los años subsiguientes a partir de entonces, las estrategias iterativas se aplican en una amplia gama de programas de software, desde aplicaciones web contemporáneas y también clientes de juegos de alto rendimiento hasta el programa del Departamento de

Defensa de los Estados Unidos que realmente promueve el uso de estrategias iterativas en la gestión de sus proyectos. .

## El proceso

A diferencia de la versión en cascada más convencional, que se concentra en un estricto proceso paso a paso de las etapas de desarrollo, el diseño iterativo se ve mejor como un proceso cíclico. Después de una etapa de planificación preliminar, se repiten un pequeño puñado de etapas una y otra vez, y cada conclusión del ciclo mejora de manera gradual solo iterando en el programa. Las mejoras se pueden reconocer y llevar a cabo rápidamente a lo largo de cada iteración, lo que hace posible que la próxima iteración sea un mínimo marginalmente mejor que la anterior.

Planificación y requisitos: como en la mayoría de los proyectos de mejora, el primer paso consiste en soportar una fase de preparación preliminar para trazar los documentos de especificaciones, crear software o quizás los requisitos de hardware, además, por lo general, prepárese para las próximas fases del ciclo.

Diseño y análisis: una vez realizada la preparación, se realiza un examen para determinar la lógica empresarial correcta de Internet, los modelos de base de datos y la forma en que se necesitará en este momento en la empresa. Además, la fase de diseño ocurre aquí, iniciando cualquier requisito técnico (idiomas, servicios, capas de datos, etc.) que probablemente se usará en un esfuerzo por cumplir con los requisitos de la fase de evaluación.

Implementación: Con la preparación junto con el análisis en la posición, ahora podría comenzar el proceso real de implementación y codificación. Toda la preparación, especificación, junto con los documentos de diseño hasta este punto se codifican y también se implementan en esta iteración original de la empresa.

Pruebas: una vez que se ha codificado e implementado esta poderosa iteración de generación, lo siguiente es pasar por muchos procedimientos de prueba para determinar y encontrar algunos problemas o errores potenciales que han surgido.

Evaluación: Una vez que se terminaron todas las etapas previas, es hora de un análisis completo del avance hasta este punto en particular. Esto permite que todo el equipo, y también los clientes y cualquier otra persona externa, puedan ver dónde está la tarea, dónde debe estar, qué puede o incluso debe cambiar, etc.

Hoy comienza la verdadera diversión! Este es el quid de un diseño iterativo completo, mediante el cual la iteración más reciente del programa de software, además de todas las respuestas del procedimiento de evaluación, se lleva a la planificación. Etapa de desarrollo en la parte superior de la lista, por lo que el proceso se repite una vez más.

## Beneficios del modelo iterativo.

Versiones inherentes: Es bastante evidente que muchos ciclos de vida de desarrollo de aplicaciones incluyen algún tipo de versiones, lo que indica la fase de lanzamiento de la aplicación en cualquier punto específico. Sin embargo, el diseño iterativo hace que esto sea mucho más fácil al garantizar que las iteraciones más nuevas sean versiones mejoradas de manera incremental de las iteraciones anteriores. Además, en el caso de que una iteración completamente nueva rompa un proceso de manera catastrófica, una iteración previa se puede implementar fácil y rápidamente o se puede revertir, con pocas pérdidas; Un cierto favor para el mantenimiento de lanzamiento posterior o aplicaciones web.

Cambio rápido: Si bien puede parecer que cada fase de la progresión iterativa no es tan diferente de las fases de un elemento convencional, como la técnica de cascada, y por lo tanto, el procedimiento requiere una buena parte de su tiempo: la magnificencia de la iterativa. el proceso es el hecho de que cada fase puede reducirse en gran medida en períodos de tiempo más pequeños y más pequeños; No importa lo que se requiera para adaptarse a las necesidades de la tarea o quizás a la empresa

Fácil adaptabilidad: basándose en la fuerza central de las iteraciones frecuentes y regulares que surgen de forma rutinaria, otra ventaja principal del elemento iterativo es la capacidad de adaptarse rápidamente a los requisitos siempre cambiantes de los caprichos o el proyecto del cliente. Incluso los cambios fundamentales en la estructura de código subyacente o tal vez las implementaciones generalmente se pueden producir dentro de un marco de tiempo pequeño ya un precio justo, ya que cualquier modificación dañina podría realizarse y revertirse dentro de un marco de tiempo muy corto a una iteración previa.

Desventajas del modelo iterativo Cuestiones tardías costosas:

Si bien no siempre es una preocupación para esas tareas, al usar un diseño iterativo, debido a la pequeña planificación inicial antes de que comience la codificación y la implementación, es probable que un problema inesperado en el estilo y la estructura del sistema subyacente llegue tarde a la empresa. Resolver esto podría tener efectos potencialmente devastadores en el marco de tiempo y en el gasto de la tarea en general, y requeriría muchas iteraciones futuras simplemente para resolver un problema.

Mayor presión sobre el compromiso del usuario: a diferencia de la versión en cascada, que hace hincapié en casi todo el compromiso del usuario / cliente dentro de las primeras fases del proyecto durante un breve período de tiempo crítico, el diseño iterativo generalmente exige el compromiso del usuario a lo largo de todo el proceso de meditación. esto es a veces una obligación desagradable, ya que cada nueva versión probablemente requerirá comentarios y pruebas de los usuarios para poder evaluar adecuadamente los cambios necesarios.

Feature Creep: el diseño iterativo no solo requiere la retroalimentación del usuario a través de todo el proceso, sino que también indica de manera inherente que la tarea puede ser susceptible de un creep de características no deseado, por lo que los usuarios tienen los cambios en cada iteración, y también están dispuestos a poner continuamente A continuación, nuevas solicitudes de características adicionales que se pondrán en versiones posteriores.

Con la agilidad del adepto y también el rápido cambio de los proyectos de diseño iterativo, usted desea una herramienta de administración de excepciones que continuará el ritmo, sin la sobrecarga de la intervención del usuario. El software de monitoreo de errores de Airbrake ofrece monitoreo de errores en tiempo real junto con un informe automático de excepciones para todos sus proyectos de desarrollo. ´

Todo lo que comenzó en el desarrollo de aplicaciones de Toyota Lean depende de un par de conceptos de fabricación y también de las tareas que hicieron a las compañías automovilísticas japonesas eficaces y competitivas en los años 80 y 90. Los fabricantes de automóviles estadounidenses, en comparación, eran lentos y torpes. Los gerentes y expertos en eficiencia comenzaron a aprender las diferencias. La producción ajustada o tal vez el Sistema de producción ajustada se basa en la eliminación de residuos, como los residuos que resultan de la sobrecarga de los sistemas o de los trabajadores, o incluso de las cargas de trabajo desiguales.

Los sistemas de producción de Toyota crearon la filosofía de administración lean en los años noventa; El Toyota Way se centró en crear un flujo de trabajo suave y efectivo. Además, enfatizó el aprendizaje basado en respuestas frecuentes y tempranas de procesos posteriores. un experto en control de procedimientos que usó estos conceptos lean para el desarrollo de software. En este momento, los fabricantes de automóviles estadounidenses y el desarrollo de productos se centraron en la eficiencia de los recursos, terminando cada etapa del desarrollo antes de lanzar lo siguiente, junto con la adhesión al programa inicial con solo una pequeña variación como sea práctico.

Inclinaron conceptos de desarrollo de productos para adaptarse al desarrollo del programa, incorporaron prácticas ágiles, adaptando el procedimiento para abordar las debilidades en la forma en que se diseñó el programa.

Se centraron en el enfoque secuencial o tal vez de cascada generalmente utilizado en los años 90: diseñar, probar, desarrollar, desplegar. Este enfoque significaba que las debilidades en el estilo se habían encontrado simplemente hacia la conclusión del procedimiento, por lo tanto, encontrar y reparar estas fallas se había convertido en parte del ciclo de lanzamiento. Los apéndices se centraron en lugar de un proceso de desarrollo que se mantendría alejado de las fallas desde el principio, lo que hace que la calidad de construcción sea la segunda idea del desarrollo de aplicaciones lean.

Si bien algunos de los temas y también las áreas de concentración son similares, hay variaciones. Agile se dedicó a optimizar el desarrollo de software, que a menudo no era la restricción del producto. El desarrollo de software Lean difirió de ágil en su trabajo para mejorar la efectividad del flujo en toda la corriente de beneficios.

# Scrum vs la metodología Crystal

---•◆•---

Crystal Methods, que es un conjunto de métodos de desarrollo de software Agile, se enfoca principalmente en individuos y también en la interacción entre ellos mientras realizan un proyecto de desarrollo de software. También se enfoca en la prioridad empresarial y la criticidad comercial del dispositivo en desarrollo. A diferencia de las técnicas de desarrollo tradicionales, Crystal no resuelve el equipo y las estrategias de desarrollo, pero mantendrá los procesos y las personas en el centro del proceso de mejora. Sin embargo, no solo los procesos o las personas son esenciales, sino que la interacción entre los dos es lo más crucial. Crystal es realmente una familia de metodologías de desarrollo de software adaptadas a las personas, ultraligeras y adaptables. Pero, ¿qué significa potencia humana, ultraligera, adaptable? Crystal es un motor humano. Lo que esto significa es que los individuos serían la faceta más importante de Crystal, y la mayoría de los procedimientos y aplicaciones son relativos a ellos.

Crystal cree que el desarrollo de aplicaciones es básicamente una actividad humana, por lo tanto, los individuos asociados con esta actividad en particular son esenciales a pesar de que los procedimientos deben ser modelados para cumplir con las demandas del equipo, no de otra manera. Crystal enfatiza que los equipos de desarrollo son autoorganizados y autosuficientes, por lo tanto, son capaces de simplificar los procedimientos ya que el procedimiento de mejora avanza y también es más estructurado y competente.

El cristal es adaptable. Primero de muchos, debe recordarse que Crystal no es un conjunto de técnicas y herramientas recomendadas para el desarrollo de software; en cambio, es un enfoque. Por lo tanto, los procedimientos y las aplicaciones no son fijos, sino que se modifican a las demandas y atributos del proyecto. En pocas palabras, Crystal es una metodología de estiramiento para adaptarse, porque cada proyecto es diferente y exige métodos que se ajustan a las demandas de la empresa que satisfacen las complejas demandas de la empresa.

El cristal es ultra ligero, el cristal es ampliamente conocido como una metodología de luz. Esto se debe a que Crystal no aboga por una cantidad excesiva de pruebas, informes y gestión de gastos generales. Más bien, cree en mantener las cosas ligeras y centrarse en crear software funcional y de valor empresarial. Para este enfoque específico, los equipos después de Crystal trabajan para mejorar la comunicación abierta y gratuita entre equipos y establecer un flujo transparente de información entre las partes interesadas y los desarrolladores.

## ¿Cómo funciona Crystal?

Como se mencionó anteriormente, Crystal no es un conjunto de programas y estrategias de desarrollo recomendados, a pesar de ser una familia de enfoques de desarrollo diferentes. Al inicio de la tarea, los procedimientos y las herramientas no son fijos, sino que se determinan teniendo en cuenta las demandas de la empresa y los requisitos técnicos del proyecto. Al determinar si Crystal es la metodología adecuada para una tarea, dinero discrecional, considere la comodidad, la vida importante y el dinero junto con las dimensiones del equipo que realiza una tarea específica.

Varias metodologías en la familia Crystal se denominan los diferentes pesos de la estrategia de Crystal y están representadas por varios tonos en el espectro.

Por lo tanto, la familia de metodologías Crystal se compone de las siguientes variantes que llevan el nombre de una variedad de colores. Incluyen claro, rojo, naranja, amarillo, granate, zafiro y diamante. Crystal es mucho más adecuado para los proyectos comparativamente a corto plazo que están a cargo de un grupo de 6 diseñadores que trabajan desde un área de trabajo, mientras que Crystal Orange está diseñado para tareas que requieren un grupo de diez a cuarenta participantes y también tienen una vida útil de 1 a 2 años. . Por otro lado, las técnicas Crystal Sapphire o quizás Crystal Diamond se utilizan en grandes tareas que implican una posible amenaza para la vida humana. Por lo tanto, la masa en la metodología Crystal está impulsada por la atmósfera de la tarea y el tamaño del equipo.

## ¿Cuáles son las principales prácticas sugeridas por Crystal?

Crystal es exacto acerca de los métodos específicos, ya que son vitales para la implementación exitosa de Crystal en cada proyecto. Estos métodos incluyen:

Una estrategia de desarrollo incremental e iterativa: el proyecto se crea en iteraciones que normalmente se incluirían en el cuadro. La función enviada al final de una iteración se incorpora al sistema telefónico general. Los comentarios de los usuarios tomados al final de una iteración se utilizan para organizar la siguiente iteración; y, se incluyen características nuevas y adicionales en cada iteración posterior. Todo esto da como resultado la finalización y el perfeccionamiento del software general.

Participación activa del usuario: esto es crucial porque Crystal es un enfoque centrado en las personas y también se enfoca en la transparencia. Por lo tanto, los usuarios no solo participan activamente, sino que también los cumplen con frecuencia. El equipo se esfuerza por garantizar la entrega regular de las funcionalidades valoradas por el cliente y potencialmente enviables. Es a esta conclusión particular que Crystal sigue un enfoque iterativo más un desarrollo incremental.

### ¿Cuáles son exactamente los roles dados por Crystal?

El enfoque Crystal define una variedad de roles: Proyecto Patrocinador, Diseñador Senior / Programador, Diseñador

Programadores y Usuarios. Además, hay una variedad de funciones adicionales como Architect o UX Designer.

# Scrum Roles mas
# allá del Scrum Master

———————•◆•———————

El hecho de que te conviertas en un Scrum Master no significa que sea el final del camino. Aquí hay algunas sugerencias para futuros roles.

### Mentor

A un Scrum Master que ha estado rugiendo durante un estilo de contextos y grupos completamente diferentes, tal vez le guste más venir en un trabajo como mentor de los Scrum Masters alternativos. Esto puede ser particularmente cierto y posible porque el Scrum Master adquiere habilidades y conocimiento.

En varias organizaciones, este rol sería conocido como un Entrenador ágil, con la descripción más común que es que los entrenadores ágiles de grado asociado entrenan a Scrum Masters (y sus equipos). Personalmente, estoy interesado en la tutoría de estas personas en lugar de solo entrenar.

Hay programas de grado asociado para Scrum Masters que han aprendido que su verdadera pasión es el acto inventivo de desarrollar un producto. Algunos Scrum Masters se complacen con el método de sancionar la creatividad entre los grupos de desarrollo de tal manera que casi no importa cuál es la mercancía.

Piensa en el DJ de la radio que simplemente ama ser un DJ y no le importa si está participando en el rock clásico, en los cuarenta primeros o en la música seria.

El Scrum Master que ama el método sobre la mercancía podría ser un candidato para seguir una carrera en convertirse en entrenador o mentor ágil de grado asociado.

The Scrum Master se convierte en propietario de un producto sin embargo, otros Scrum Masters aprenden que aman lo que su equipo está construyendo sobre el hecho de hacerlo. Esos Scrum Masters se convierten en candidatos inteligentes para convertirse en propietarios de productos.

No deseo dar a entender que el rol de propietario de un producto es mayor que el rol de Scrum Master en una corporación. Contemplo los roles equivalentes durante una jerarquía de estructura típica.

Pero algunos Scrum Masters aprenden que les importa mucho el problema que se está diseñando en lugar del método para desarrollarlo. Y de haber trabajado con un equipo el tiempo suficiente, varios de estos Scrum Masters aprenden lo suficiente sobre la mercancía, la industria, los usuarios y otros para convertirse en propietarios de productos inteligentes.

## El Scrum Master se convierte en gerente

La unidad del área de Scrum Masters seguramente no son los propios gerentes. Sin embargo, a través de sus deberes Scrum Masters, Scrum Masters usualmente trabaja en estrecha colaboración con aquellos que están en la unidad de área y unos pocos pueden notar ese trabajo intrigante.

Scrum Masters se convierte en un adepto a los grupos de guía, pero no tiene la autoridad suficiente para mencionar: "Háganlo como resultado de lo que digo". Debido a esto, varios de ellos ocuparán cargos administrativos dondequiera que puedan exigir el cumplimiento, sin embargo, debido a lo que han aprendido de siendo Scrum Masters, comprender que a veces es mejor no hacerlo.

Especialmente si un Scrum Master ha conservado la competencia técnica, iniciar un trabajo como director de control de calidad o gerente de desarrollo es un paso lógico y satisfactorio.

Hay muchas formas de participar en la gestión de proyectos de Scrum, como puede ver.

# Conclusión

———•◆•———

Gracias por llegar hasta el final de este libro. Espero que haya sido informativo y que haya podido presentarle todos los recursos que tiene para lograr sus objetivos, cualesquiera que sean. Lo siguiente es probar e incorporar Scrum en su empresa o negocio. Es un método increíblemente valioso que realmente podría ayudar a simplificar su ética de trabajo.

Es capaz de ayudarle a centrarse en sus habilidades de comunicación. Descubra cómo puede ser un jugador de equipo, y comience de inmediato su lado creativo. No tiene por qué ser caro y confuso; Puede ser usado para cualquier cosa que su negocio necesite. Es un sistema que es bastante efectivo y flexible, y que vale la pena hacer. A pesar de que puede obtener numerosas partes móviles diferentes dentro de este procedimiento, realmente no es muy difícil.

Cada función tiene diferentes cosas en las que concentrarse y dividir las tareas ayuda a que las cosas funcionen mucho más fácilmente.

Scrum se trata de crear un mejor trabajo, y ciertamente lo logras, aprendiste a crear grandes equipos Scrum mientras leías este libro. A veces, encontrar a las personas adecuadas para desempeñar los roles correctos puede marcar la diferencia.

Existen otras metodologías que pueden funcionar para su negocio y este libro también tiene una breve revisión de ellas. Se trata de hacer lo que funcione para usted y para su negocio. Tómese el tiempo para entender las diferentes metodologías ágiles. Ellos son lo que te mantendrá en el buen camino. Ellos son lo que ayudará a su equipo a permanecer juntos. Además, tómese el tiempo para discutir las opciones que tiene con su equipo. Tendrán que utilizar estos métodos junto con usted. Debe ser algo que puedas enseñar a tu equipo.

Si no puede aprender la información, no puede enseñar la información. Scrum es genial por su simplicidad. Es fácil empezar.

www.ingramcontent.com/pod-product-compliance
Lightning Source LLC
Chambersburg PA
CBHW070844070326
40690CB00009B/1692